LAIDEURS DE SARTRE

Alain Buisine

LAIDEURS DE SARTRE

PRESSES UNIVERSITAIRES DE LILLE

ISBN 2-85939-280-7

Livre imprimé en France

Sa nausée

Jamais sans nul doute je ne parviendrai à suffisamment affirmer combien il faut aimer un écrivain pour se consacrer à sa *Passion* de la laideur, à quel point il importait de s'y reconnaître pour décider d'exposer sans concessions *ses laideurs*. Or rien de plus urgent dans le cas de l'auteur de *La nausée* qu'une telle démarche volontairement insensible aux «beautés» de l'œuvre et à la «grandeur» de l'homme, privilégiant au contraire la dimension proprement répulsive de son corps et de son corpus – comme lui-même, si pour une fois on accepte de le lire complètement et surtout de le regarder dans le blanc des yeux, n'a jamais cessé de le faire dans une très singulière entreprise littéraire qui fondamentalement donne plus de place au dégoût qu'à l'attirance, au rejet qu'à l'attraction... Quelle que soit l'efficacité du pouvoir de sublimation des dispositifs philosophiques et politiques que Sartre lui-même n'a pas été le dernier à mettre en place, ils ne parviendront jamais à complètement masquer que son œuvre est infiniment plus repoussante que captivante. La nausée, c'est l'envie de vomir...

Enfin analyser Sartre dans *sa propre situation*... Car il n'est que trop facile de le désirer pour ce qu'il n'est pas véritablement, plus exactement de confondre le sujet et ses symptômes, ses conduites et ses prises de position, de prendre au pied de la lettre ses comportements pour les valoriser en impératifs catégoriques valables pour l'ensemble de la collectivité, de transformer autoritairement en Vérité, mécaniquement applicable à tous les autres, ce que fort probablement il éprouvait quant à lui comme contrainte et fatalité. Il n'est que trop dérisoirement narcissique d'en faire maintenant (et rétrospectivement, c'est moins risqué) l'exemplaire porte-parole du Politique (en fait de nos espérances déçues et de nos utopies avortées), le héros épistémologique de notre modernité (si évidemment défaillante et déprimée), le modèle d'une nouvelle race d'intellectuels engagés (toujours en quête de leur efficacité). Autant d'impuissantes glorifications et sanctifications qui l'auront toujours manqué... Il est bien plus pénible et éprouvant de le prendre comme il est, de l'accepter tel qu'il est – pas très «ragoûtant», il s'est voulu tel –, sans aucun espoir de guérir par son intermédiaire nos malaises (très et trop existentiels !) d'intellectuels privés de toute certitude, sans aucun désir de justifier grâce à lui nos errements passés, de magnifiquement sublimer nos apories ou tardivement redresser, rectifier nos dérives. Attentes d'autant plus vaines d'ailleurs qu'en fait Jean-Paul Sartre, quoi qu'on ait pu en dire pour l'exalter comme précurseur en le faussant alors complètement, rappelle plus le XIXe siècle qu'il ne préfigure le XXIe : rien de plus anachronique que toutes ces tentatives pour le moderniser. D'autant plus attaché et rattaché au passé qu'il essaie très valeureusement de s'en détacher, de se projeter dans un avenir qui n'est pas le sien. C'est plus un classique qu'un modèle pour l'avenir. Déjà en Pléiade.

Sartre me fait mal car d'une certaine façon il ne s'en sort pas en dépit de tous ses efforts et de son volontarisme appliqué ; et c'est pourquoi ce livre, finalement assez triste et pessimiste, se veut d'abord l'analyse d'un sujet *en difficulté* bien plus que la célébration d'une réussite à méditer, l'éloge d'une exemplarité à suivre. En réalité Sartre, qui n'aura jamais été aux prises qu'avec lui-même, est un sujet beaucoup trop individuel pour prétendre devenir exemplaire. Et moi, et moi ? ne cesse-t-il de répéter même lorsqu'il semble s'intégrer dans la communauté ou parler au nom de la collectivité. Un sujet en difficulté disais-je : ce qui ne signifie nullement qu'il s'agirait ici de détailler ou même de dénoncer son ou ses échecs. En aucun cas ; mais tout simplement (ou très complexement) de se demander, avec une extrême sympathie, comment Sartre s'arrange de ce qu'il est puisque tel est bien son principal et peut-être son unique problème (infiniment plus singulier et même intimement narcissique – dans l'impossibilité même de constituer ce minimum de narcissisme indispensable à la survie psychique de n'importe quel sujet – que communautaire et social), comment il se débrouille avec lui-même et «fait avec» comme on le dit très populairement.

Laideurs de Sartre. Le contraire de la beauté donc, mais n'est-ce pas un titre (et un sujet) inutilement provocant pour un essai qui sera pour une très large part consacré aux rapports de Sartre aux Beaux-Arts ? Rien de plus sartrien en fait que la laideur, constamment présente dans ses œuvres fût-ce à un simple niveau figuratif et thématique. Qui devient même une question essentielle et décisive dans son approche des productions esthétiques. Ainsi est-il toujours attiré par une certaine «laideur» de ses peintures préférées, qui ne manque jamais de faire retour dans l'analyse des artistes qu'il privilégie. Une attirance d'autant plus intéressante – et même paradoxale – que Sartre accorde cependant au *Beau* une importance capitale : «La notion de Beau est très puissante chez moi», confie-t-il à Michel Sicard. Non seulement dans le domaine proprement esthétique, mais aussi dans sa vie quotidienne : tenant beaucoup à ne sortir qu'avec de jolies femmes («parce qu'un homme laid et une femme laide, le résultat est vraiment un peu trop... un peu trop remarqué. Alors je voulais une espèce d'équilibre, moi représentant la laideur, et la femme représentant sinon la beauté, du moins le charme et la joliesse») et manifestant toujours dans ses relations une nette préférence pour ceux qui sont beaux : son amitié pour Bonnafé («parce qu'il était beau garçon et boxeur»), sa sympathie pour Zuorro («qui venait de son physique ; il était assez beau»), ses rencontres avec Rasquin (plutôt qu'avec d'autres parce que «c'était un grand type assez beau, costaud»). Ainsi plus la beauté séduit Sartre, plus la laideur revient et l'interroge. Plus le Beau est posé comme valeur, plus la laideur s'impose.

Il ne s'agit pas pour autant ici de construire une (contre-) esthétique de la laideur (simple inversion des données qui fondamentalement ne changerait strictement rien aux réflexions les plus classiques). Mais plus radicalement, et surtout plus perversement, il s'agit d'intégrer le corps du sujet dans son corpus, de montrer comment Sartre va faire de sa propre laideur un objet philosophique (bien sûr incommensurable à ce qui dès lors n'est plus vraiment sa cause). Car sans nul doute il n'aurait pas entretenu un rapport si complexe et si ambigu avec l'image s'il avait d'abord pu entretenir des rapports satisfaisants et gratifiants avec sa propre image.

Chapitre I

Le philosophe public

Je suis comme tout le monde, quoi.

La mort dans l'âme

Pour un portrait biographique

Car tel est bien mon projet que de proposer ici un portrait de Jean-Paul Sartre, même si cet essai ne se conformera d'aucune façon au modèle déposé de la biographie, l'inventaire diachronique de ce qu'a été la vie de l'auteur. Pourquoi la vie de Sartre, même s'il ne sera en fait question que de ses vies (réelles et imaginaires, vécues et écrites), surtout des multiples représentations qu'il tente d'en construire, des images qu'il cherche à s'en donner ? Impossible d'ignorer que jusqu'à une date très récente, il n'était guère de genre plus décrié dans les milieux modernistes que la biographie, fossile critique, archaïsme dépassé depuis longtemps, forme désuète et obsolète, régressivement et honteusement humaniste puisqu'elle suppose toujours plus ou moins une causalité dérisoirement simpliste qui va en sens unique de l'homme à l'œuvre. Et cependant dans le cas de Sartre une démarche fondamentalement biographique (à condition il est vrai d'extraordinairement compliquer ses protocoles et ses procédés en rendant leur décisive intensité à des déterminations apparemment secondaires et même insignifiantes, à condition de ne pas espérer s'en tirer à trop bon compte en se contentant de minutieusement et laborieusement décliner et dater tout ce qui lui est arrivé) me semble indispensable, je dirai même inévitable, parce que suscitée, appelée, désirée par tout son corpus. Il est grand temps de revivifier Sartre, de ressusciter son vécu sans lequel sa pensée ne serait pas aussi vitale.

Consultez par exemple le beau livre de Michel Contat et Michel Rybalka, *Les écrits de Sartre*, qui constitue à juste titre pour tous les sartriens sérieux l'officiel répertoire bibliographique des écrits du Maître, le livre des livres. Nul hasard si cette énorme bibliographie commentée se présente finalement sous la forme d'une «vie bibliographique» de Jean-Paul Sartre, si la liste des écrits se métamorphose irrésistiblement en une espèce de biographie. De l'aveu même de Sartre qui, dans sa lettre-préface, reconnaît aux deux auteurs le rare mérite d'avoir su humaniser ce qui risquait de n'être qu'un inventaire après décès :

> Grâce à vos analyses brèves et denses, vous avez transformé ce dénombrement en portrait ; je veux dire que vous avez restitué le mouvement par lequel tout écrivain, bon ou mauvais, s'objective

> dans son œuvre : quels que soient les sentiments que ce portrait suscite, sa vérité est indéniable s'il est vrai qu'on n'est rien d'autre que ce que l'on a fait. Je viens à moi comme un étranger, parfois difficile à connaître. Mais je ne puis rien récuser : d'une certaine façon, grâce à vos bons offices, le sujet du tableau, c'est bien l'auteur peint par lui-même ; et si je n'aime qu'à demi cette peinture, c'est évidemment parce qu'elle est vraie.

Ainsi l'écrivain en personne voit, reconnaît dans sa somme bibliographique un portrait, une sorte de Sartre par lui-même. S'y *dévisage* sans être bien convaincu de vraiment apprécier l'incontestable vérité de sa figure littéraire, demeurant étranger à lui-même, distant du sujet du tableau. En s'en tenant donc à une accumulation chronologique de contenus littéraires, philosophiques et politiques, la recollection des écrits suffit néanmoins à projeter un itinéraire biographique, plus précisément à individualiser un comportement. Par lui-même l'inventaire retrace déjà une vie : moins une poussière de faits, une nuée d'événements rétrospectivement sérialisés et orientés qu'une certaine contenance, cette façon absolument singulière qu'a chacun d'entre nous de se présenter, de se tenir, de réagir. Le répertoire intellectuel dessine un portrait-robot dont l'écrivain sans nul doute est le principal responsable, – quand bien même ce portrait, jamais directement assumé par le sujet contraint d'encore et toujours passer par l'autre pour se rendre moins méconnaissable à ses propres yeux, aurait-il motivé sinon excusé maintes irresponsabilités.

«L'auteur peint par lui-même» : de tous ses romans, ses pièces de théâtre, ses critiques littéraires et esthétiques, ses essais philosophiques et ses analyses politiques, il ne subsistera peut-être qu'un *autoportrait* pour et par ses lecteurs ; ou plus probablement et plus tragiquement, c'est ce qu'il aurait voulu (sans jamais oser se l'avouer) qu'il en restât même si le mouvement de l'Histoire devait définitivement périmer son écriture et ses thèses. Si tout au moins la postérité en me lisant pouvait se *figurer* qui j'étais, autrement dit comment et pourquoi je ne pouvais que me défigurer et me méconnaître ! Si elle parvenait enfin à se faire une image de moi telle qu'elle m'a toujours été personnellement refusée ! Si pour Jean-Paul Sartre le «bon» lecteur de ses œuvres était moins celui qui les analyse, les commente, les discute que celui qui s'imagine l'écrivain, se le représente, très physiquement ! La lecture comme figuration : non pas se faire une idée de Sartre, mais s'en faire une image. Car avant même de s'interroger trop conceptuellement sur la plus ou moins grande pertinence intellectuelle de telle ou telle exégèse de ses écrits, peut-être convient-il de se demander quel désir Sartre quant à lui investissait dans le fait de se donner à lire en écrivant et en publiant. Qu'attendait-il précisément de sa réception ? Probablement plus encore d'être vu que d'être compris, telle sera du moins ma thèse qui évidemment ne tient pas pour rien – ce serait complètement absurde – et ne prétend même pas évaluer le contenu proprement spéculatif des textes de Sartre, mais veut prouver que leur enjeu réflexif est loin de constituer leur seule finalité, de représenter leur unique nécessité. N'ayons pas la naïveté de croire que le philosophe n'écrit que pour donner à penser !

Dans ces conditions je suis convaincu de faire plaisir à Sartre, d'accéder à son désir le plus intime en privilégiant une approche «biographique», dût-elle parfois paraître indécente et déplacée (mais justement : on apprendra ici qu'il n'est rien de plus coûteux que de se reconnaître tel qu'on est, et que même en y mettant le prix on est loin d'être sûr d'y parvenir). En faisant son portrait, en l'aidant très modestement – maintenant qu'il n'est que trop certain qu'il n'y sera jamais arrivé par ses propres moyens – à se savoir, plus difficile encore à se voir Sartre. Ecrire sur Sartre, je veux dire sur ce qu'il a lui-même cru pouvoir rejoindre et retrouver en écrivant, reviendra toujours d'une certaine façon à raconter sa vie et surtout son corps, à (se) le représenter. Alors que son œuvre terriblement polémique (encore un comportement) favorise et excite les adulations et les dénonciations de tous bords, ici pour une fois Sartre ne sera pas inspecté, expertisé, jugé, mais réconforté et consolé. Puisse ce travail, en s'interrogeant sur ce qui fait de Sartre un sujet de biographie, valoir comme réparation, reconstitution (nullement objective, là n'est pas la question, mais fortement subjective en ne tenant compte que de son intériorité) de son *image* ! Puisse-t-il être son miroir ! Rien ne sera plus comme avant si notre réflexion réussit à le réfléchir correctement, optiquement parlant bien plus qu'intellectuellement, vous l'aviez déjà compris.

Le corps exposé

> Dans le cimetière, c'est la bousculade, les nikon crépitent en rafale, les croix de caveaux se détachent sous la poussée, faisant en tombant un bruit sourd. Une lycéenne de Sarcelle s'indigne : «*C'est vraiment dégoûtant, une vraie curée.*»
>
> (Dans le numéro spécial de *Libération* publié après la mort de Sartre)

Je commence par la fin tant elle ressemble à un aveu non prémédité, et pour cause ! Quelques premières images biographiques, façon de s'exprimer puisqu'il s'agit en l'occurrence de l'enterrement de Jean-Paul Sartre. D'abord cette petite scène photographique à la morgue de l'hôpital Broussais, bien moins dérisoire qu'il n'y paraît à première vue :

> Un de ses proches, un appareil photo à la main, se met à le photographier. Il doit être gêné, car l'appareil lui tombe des mains, rebondit avec un bruit caverneux sur le cercueil, pour atterrir sur le carrelage. C'est Simone de Beauvoir qui tient à avoir une dernière photo. [...] Malgré sa chute, l'appareil marche. Le photographe monte sur une chaise, comme un réalisateur cherchant le bon plan. Il triple, il quadruple ses prises. Si elles sont ratées, il ne retrouvera pas l'occasion de les refaire.
>
> (Georges Michel,
> *Mes années Sartre. Histoire d'une amitié*)

Sartre une fois de plus photographié comme il l'a été si souvent tout au long de son existence, bien trop souvent sans aucun doute pour que ce geste ne le concerne pas : c'est une réponse brutalement mécanique et mimétique à une attente diffuse, et cependant pressante, même si elle n'est qu'un des symptômes de ce qu'il n'aura jamais formulé explicitement... Son cadavre, et c'est reparti de plus belle : des clichés doublés, triplés, quadruplés... Il garde bien la pose...

Sartre vu et revu, surpris et repris dans tous les lieux, dans toutes les situations et dans toutes les positions, sous tous les angles, de près ou de loin, chez lui ou à l'extérieur, en France ou ailleurs, écrivant ou militant, photogénique ou grimaçant, peu importe. Clic-clac. Encore une photographie ! Une dernière s'il vous plaît ! Maintenant cet ultime cliché mortuaire de Sartre dont la vie n'aura jamais cessé de nous être montrée, exhibée, comme si même ses amis intimes n'avaient d'autre projet que de nous le faire voir. Par exemple Liliane Sendyk-Siegel dans *Sartre, Images d'une vie*, un album de photos qui ne nous apprend strictement rien, ne nous révèle pas la moindre nouveauté, qui n'est même pas soutenu par une quelconque intention esthétique : comme si exposer Sartre, en faire un sujet exposable et représentable, constituait déjà en soi un projet autosuffisant contenant une pertinence intrinsèque, se dispensant à l'avance de la moindre justification. *Imager Sartre*. D'innombrables photographies jusqu'à cet enterrement où tout le monde veut avoir son cliché, conserver une dernière image de lui, fût-ce l'enveloppe dérisoirement anonyme de son cercueil. Funérailles publiques de l'écrivain et de la génération, ma génération de 68, où s'exaspère le voyeurisme de la foule bousculée consciente de mener son propre deuil :

> Les immenses portes du hangar s'ouvrent, inondant de lumière cet endroit sinistre. Il y a un crépitement d'appareils photos. Des visages se tendent. La longue attente est enfin récompensée. On cherche des têtes connues pour les fixer en 24 x 36. Il y en a peu. On mitraille dans le tas. Sous tous les angles. Simone de Beauvoir est dans le fourgon aux vitres fumées. Ils n'ont pas le temps de la saisir, là. Ils se rattraperont au cimetière.
>
> [...] Le fourgon avance. Nous formons une chaîne pour protéger Simone de Beauvoir des plus curieux qui veulent la photographier.
>
> [...] Le fourgon pénètre péniblement à l'intérieur du cimetière par l'entrée principale, qui paraît avoir rapetissé tellement il y a de monde. Sur trois niveaux, la foule s'entasse ; au sol, sur les tombes, perchée dans les croix. Une haie de corps, sans une faille. Des applaudissements retentissent à l'approche du fourgon. Ils continueront jusqu'à l'arrêt de la voiture arrivée à destination.
>
> Il n'y a plus d'espace pour sortir le cercueil. La foule récupère chaque centimètre de vide laissé par le véhicule. Les employés des pompes funèbres demandent aux gens de reculer un peu, d'abord calmement, puis nerveusement, personne ne voulant abandonner son poste d'observation au sol. A force de répétitions, de persuasion : «Messieurs dames, je vous en prie, voulez-vous reculer», le cercueil réussit à s'extraire du fourgon. Il passe entre ces corps entassés. Sans aucune cérémonie, il est descendu au fond de sa place provisoire.
>
> Simone de Beauvoir est assise devant le gouffre, sur l'unique chaise du cimetière. Elle reste en tête à tête au moins dix minutes, le regard perdu, abîmée dans son chagrin, indifférente à tous ces visages tournés vers elle, à tous ces appareils photographiques qui n'arrêtent pas de crépiter.

> Une croix s'écroule. Un homme tombe sur le cercueil de Sartre. Un autre étouffe et demande du secours. Un enfant est blessé par une croix qui s'affaisse sur lui. Simone de Beauvoir est prise de panique, au bord de l'évanouissement. Elle a l'impression d'étouffer. Claude Lanzmann la prend d'un côté, je l'attrape de l'autre, et nous avançons péniblement au milieu d'une foule encore plus envahissante. Nous nous déplaçons comme nous pouvons vers la sortie du cimetière. Des hommes font le coup de poing devant nous, pour nous frayer un passage à travers une multitude de visages tendus, et d'appareils photos tenus à bout de bras. Simone de Beauvoir est à bout de force et demande à s'asseoir. Assise sur une tombe, elle paraît un peu plus rassurée. Elle respire mieux. Quelqu'un est parti chercher le fourgon mortuaire qui s'était mis à l'écart. Elle monte dans la voiture. Le fourgon démarre. C'est fini.
>
> (Georges Michel)

Comment ne serions-nous pas sensibles à l'extrême indécence de ces funérailles trop publiques, presque obscènes ? Cette foule émue et sympathique, mais aussi qui profite pleinement du spectacle, qui sans la moindre pudeur se rince l'œil... Sartre offert, exposé, exhibé à la multitude, plus curieuse que recueillie ou peut-être ne trouvant d'autre expression de son attachement que son indiscrétion voyeuriste. Elle veut voir, et rien ne l'en empêchera. Une foule alors infiniment plus sartrienne qu'elle-même ne s'en doute, elle qui en assistant massivement à cet enterrement célébrait plus ses utopies défuntes qu'elle ne s'interrogeait sur son mort et ses ultimes volontés. Néanmoins le comblant merveilleusement, au-delà de toute attente, sans vraiment s'en rendre compte. Tous ces gens venus lui rendre un dernier hommage : même mort, il aura encore réussi à se donner à voir, à se faire reconnaître.

Il faut dire que Sartre, bien que déjà décédé, n'était pas encore au bout de ses peines – mais aussi de ses désirs – car dans *La cérémonie des adieux*, livre de souvenirs publié environ dix-huit mois après sa disparation, Simone de Beauvoir, sans la moindre retenue, avec une impudeur faussement innocente (comme si ça allait de soi de ne rien dissimuler des vicissitudes de son organisme délabré d'écrivain vieillissant !), conduit cette exposition du corps jusqu'à ses dernières limites, quasiment insupportables. Soit cet unique passage parmi bien d'autres du même genre :

> Au milieu d'octobre, j'ai pris à nouveau conscience de l'irréversible dégradation de la vieillesse. J'avais remarqué qu'à Rome quand,

> après le déjeuner, nous allions chez Giolitti déguster de merveilleuses glaces, Sartre se précipitait aux toilettes. Un après-midi, comme nous revenions vers l'hôtel avec Sylvie en longeant le Panthéon et qu'il marchait, très vite, devant nous, il s'est arrêté et nous a dit : «Des chats viennent de me pisser dessus. Je me suis approché de la balustrade et je me suis senti mouillé.» Sylvie l'a cru et en a plaisanté. Moi, j'ai su à quoi m'en tenir, mais je n'ai rien dit. A Paris, chez moi, au début d'octobre, quand Sartre s'est levé de son siège pour monter à la salle de bains, il y avait une tache sur son fauteuil. J'ai dit à Sylvie le lendemain qu'il avait fait tomber du thé. «On dirait qu'un enfant s'est oublié», a-t-elle remarqué. Le lendemain soir, dans les mêmes circonstances, il y avait de nouveau une tache sur le fauteuil. Alors j'en ai parlé à Sartre : «Vous avez de l'incontinence urinaire. Il faut le dire au médecin.» A ma grande stupéfaction, il m'a répondu d'un ton tout à fait naturel : «Je le lui ai dit. Ça fait longtemps que ça dure : ce sont ces cellules que j'ai perdues.» Sartre avait toujours été extrêmement puritain ; il ne faisait jamais allusion à ses fonctions naturelles et s'en acquittait avec la plus soigneuse discrétion. C'est pourquoi je lui ai demandé le lendemain matin si ce manque de contrôle ne le gênait pas. Il m'a répondu en souriant : «Il faut être modeste quand on est vieux.» J'ai été émue par sa simplicité, par cette modestie si neuve chez lui ; et en même temps j'étais peinée par son manque d'agressivité, par sa résignation.

Semblable confidence, qui s'entoure de toutes les garanties de l'objectivité du témoignage de première main, contient quelque chose de profondément gênant et révoltant : je souffre de le voir ainsi sans défenses, littéralement déshabillé, physiologiquement dénudé sur la place publique. Qu'il pisse où il veut et comme il peut ! Non, je ne veux rien savoir des voies urinaires de l'existentialisme vieillissant. Dans son principe même qui consiste à ne rien occulter, l'ouvrage de Simone de Beauvoir est obscène et immonde (au sens strictement étymologique de ces termes [1]), ne nous apprenant rien de nouveau sur l'écrivain et le philosophe en tant que tels, si ce n'est ses lamentables misères de vieillard, son incurable décadence physique : ses petites attaques qui le laissent diminué et hébété, sa prononciation embarrassée, son bras insensible et sa démarche incertaine, jusqu'à ses petites soû-

1. A l'origine nettement plus physiques qu'éthiques. Précision indispensable afin d'éviter de moraliser à nouveau la question comme ne l'a que trop fait le débat passionné qu'a provoqué la publication de *La cérémonie des adieux*. Bien plus que déontologique le problème posé par un tel ouvrage me semble proprement esthétique : semblable livre favorise-t-il une *juste* perception de la figure de l'écrivain ?

leries en cachette alors qu'on a planqué ses bouteilles de whisky sous prétexte de préserver sa santé compromise et afin de faire durer sa présence tutélaire. Rien ne nous est épargné, nous apprendrons dans le détail tout ce que nous aurions préféré ignorer. Evidemment notre première réaction est de nous indigner, de condamner sans réserve une telle exhibition posthume du corps malade de l'écrivain, mais Sartre lui-même nous rappellerait à temps qu'il n'existe jamais d'innocence absolue, que nous sommes toujours plus ou moins responsables de ce qui nous arrive, fût-ce après notre mort biologique. Quand un écrivain est aussi systématiquement et précisément montré, dévoilé dans son intimité privée et même crûment anatomique, quand les défaillances de ses fonctions naturelles sont imprimées noir sur blanc, ce n'est plus simplement de la «faute» de l'autre cherchant comme elle peut à se réconforter et à se consoler (plus essentiellement encore à exister indépendamment comme écrivain en l'absence de toute contresignature, elle le reconnaît dans un regret qui ressemble étrangement à une revanche : «Voilà le premier de mes livres – le seul sans doute – que vous n'aurez pas lu avant qu'il soit imprimé.»), c'est aussi et surtout parce qu'il s'est lui-même mis en situation d'être ainsi exhibé. Et s'il valait mieux être exposé incontinent que de ne pas être exposé du tout ? Si l'horrible montre d'une inavouable déficience était encore préférable à l'occultation du corps ?

Après tout Simone de Beauvoir en écrivant ce volume ne fait que mener jusqu'à son terme une entreprise que Sartre n'a jamais désavouée : depuis 1958, en écrivant sa propre somme autobiographique, elle fournit simultanément à ses lecteurs (aux lecteurs qui souvent ne prennent la peine de la lire que pour cela, elle a dû plus d'une fois s'en douter et en souffrir) une biographie de Jean-Paul Sartre, extrêmement suivie et consistante puisqu'il ne cesse de hanter et d'obséder son récit même lorsqu'elle n'en parle pas directement. Que de *nous* et de *notre* chez Beauvoir croyant raconter les aventures de son *je* ! Sa personnalité intime se conjugue au duel. Et qui ne l'a pas lue d'abord pour en savoir plus sur Sartre ? Que je sache Sartre n'a jamais désavoué et condamné, il a au contraire encouragé cette entreprise autobiographique de sa compagne, trop malin pour ignorer qu'elle constitue aussi (et souvent prioritairement dans l'esprit des lecteurs) sa propre biographie rédigée par le témoin le plus privilégié qu'on puisse imaginer. Que d'analyses consacrées aux rapports Sartre-Beauvoir : leur conception du couple, leurs rapports affectifs et leurs tolérances sexuelles, leurs échanges intellectuels, leur proximité philosophique et leur compagnonnage politique, tout a déjà été examiné et commenté, sauf une relation qui me semble déterminante et nettement plus liante (aliénante ?) : ce qu'on pourrait appeler leur *contrat historiographique*. Car Simone de Beauvoir aura finalement occupé une bonne partie de sa carrière d'écrivain à relever et à consigner pour la postérité tous les faits et gestes, toutes les déclarations et confidences de son cher Sartre. Lui qui a si souvent déploré le toujours possible et frustrant manque de documents quand on veut précisément étudier un écrivain du passé, il sait que pareille mésaventure n'arrivera pas à sa propre personne. Le Castor veille au grain et engrange, capitalisant soigneusement tout ce que fut l'agitation de sa vie si remplie : *Mémoires d'une jeune fille rangée, La force de l'âge, La force des choses, Tout compte fait*, tous ces écrits autobiographiques de Simone de Beauvoir garantissent à Sartre que rien de ce qu'il a vécu, parfois en toute inconscience tellement il était activement branché sur le présent ou plutôt déjà en prise sur l'avenir, ne sera perdu, méconnu. Les futurs biographes ne pourront pas se plaindre, ils ne seront pas démunis. Car aussi inconstant et volage soit-il – et dans tous les domaines –, il conserve toujours sa scribe fidèle et attentive à ses côtés : comment imaginer de quitter la secrétaire de toute une vie ? Si Simone de Beauvoir demeurera à ce point irremplaçable, c'est aussi sans aucun doute parce qu'elle est la seule *image* de sa vie, l'unique miroir où, un peu moins éparpillé et détotalisé d'être aussi minutieusement raconté (fût-ce par la bande : encore que le très fragile «je» autobiographique de Simone de Beauvoir n'est la plupart du temps qu'un effet «secondaire» de l'envahissante et écrasante présence de Sartre), il parvient à se retrouver, à se recueillir [2]. En écrivant *La cérémonie des*

---

2. Que Simone de Beauvoir représente pour Jean-Paul Sartre ce qu'on oserait appeler une planche de salut identitaire, leur relation épistolaire en témoigne également puisque seules ses lettres à sa compagne lui permettent d'être véritablement présent à son présent : j'essaie d'en faire la démonstration dans «Ici

adieux, sa compagne est fondamentalement fidèle, fût-ce dans l'horreur, à l'espèce de contrat historiographique qui les lie intimement depuis plus d'une vingtaine d'années. Elle continue à le consigner, poursuivant obstinément son travail d'enregistrement.

Ainsi Sartre a depuis fort longtemps accepté d'être biographiquement exposé et livré à ses contemporains ; mais en outre que fait-il, parallèlement à ses activités politiques, pendant ses dix dernières années ? Il ne rate pas une occasion de se raconter, il n'arrête pas de se dire, de se confesser dans de multiples interviews et entretiens. Voici le relevé de ces «dialogues» sartriens, tout au moins de ceux où de façon plus ou moins importante il se met en jeu d'un point de vue autobiographique :

1971. Une interview dans *Le Monde* du 14 mai : «Sur *L'idiot de la famille*». Propos recueillis par Michel Contat et Michel Rybalka. Ensuite repris dans «Entretiens sur moi-même», qui constituent la deuxième partie de *Situations, X. Politique et autobiographie*. C'est déjà l'occasion de faire remarquer que tout le cycle des *Situations*, ces recueils auxquels Sartre tient tant, se referme sur l'insistante présence autobiographique du sujet.

1972. En février et mars, c'est le tournage du film *Sartre par lui-même*, d'Alexandre Astruc et de Michel Contat (plus de huit heures d'entretien avec Sartre et Simone de Beauvoir !). La transcription de la bande sonore de ce film sera publiée en volume par Gallimard en 1977, sous le titre *Sartre*.

1973. Le 7 février, l'émission *Radioscopie* de Jacques Chancel, réalisée en direct. Le 17 juin, entretien avec Francis Jeanson, portant en particulier sur son adolescence et sa jeunesse (qui sera publié par Jeanson en annexe de sa biographie, *Sartre dans sa vie*, 1974).

1974. Publication d'*On a raison de se révolter*, entretiens par Philippe Gavi, Jean-Paul Sartre et Pierre Victor. Dans ces discussions qui eurent lieu de novembre 1972 au 15 mars

... Sartre (dans les *Lettres au Castor et à quelques autres*)», *Revue des Sciences Humaines*, n° 195, 1984.

1974 figurent de nombreuses «justifications» politico-autobiographiques de Jean-Paul Sartre. Pendant l'été à Rome, et au début de l'automne à Paris, toute une série d'entretiens avec Simone de Beauvoir, publiés à la suite de *La cérémonie des adieux*.

1975. Dans le numéro 61 de *L'Arc* : «Simone de Beauvoir interroge Jean-Paul Sartre». Dans *Le Nouvel Observateur* (23-29 juin, 30-6 juillet et 7-13 juillet), «Autoportrait à soixante-dix ans», un entretien avec Michel Contat. Pour cette même année 1975, on peut également mentionner l'interview par Jane Friedman, «Terrorism can be justified» qui porte en fait sur différents sujets.

1976. Le 1er mars, «Sartre parle du film», une interview de Sartre à propos de *Sartre par lui-même*, le film d'Astruc : il s'agit donc de remarques autobiographiques au second degré. Dans le numéro du 20-26 octobre d'*Une semaine de Paris-Pariscop*, «Sartre et l'argent» (en fait un extrait non utilisé des entretiens tournés pour le film). Enfin un entretien avec Michel Sicard, «Sartre parle de Flaubert», publié dans le numéro 118, de novembre, du *Magazine littéraire*.

1977. «Pouvoir et liberté», dialogue avec Pierre Victor, publié dans *Libération* le 6 janvier. Dans les numéros du *Nouvel observateur* du 31 janvier-6 février et 7-13 février, «Sartre et les femmes», interview par Catherine Chaine. «Entretien sur la musique», avec Lucien Malson, dans *Le Monde* du 28 juillet. Début de l'entretien avec Michel Sicard qui sera publié (sous le titre «L'écriture et la publication») dans le numéro d'*Obliques* de 1979 entièrement consacré à Jean-Paul Sartre.

1980. Parution en mars dans *Le Nouvel Observateur* d'une série de trois dialogues entre Sartre et Benny Lévy où il revient une fois de plus sur son œuvre et sur certaines de ses attitudes.

Sartre et Flaubert, Sartre et l'argent, Sartre et les femmes, Sartre et la musique, Sartre et la liberté, Sartre et la politique, Sartre et lui-même, encore et toujours Sartre et Sartre, une confrontation décidément inépuisable. Plus il sent qu'il s'approche de sa mort, plus Sartre n'a de cesse qu'il ne se soit une fois de plus dit et redit, n'en finissant plus de raconter et de détailler en long et en large le dénommé Sartre. Comme si de cet interminable rabâchage autobiographique devait enfin surgir une vérité, la Vérité du Sujet, jusqu'alors toujours approchée et approximée, mais fatalement reportée puisque la compulsion de répétition ne déteste par définition rien tant que ce qui fixerait son terme. Ce qui confère d'ailleurs son extrême vraisemblance sartrienne au livre, à première vue excessivement parodique, de Michel-Antoine Burnier, *Le testament de Sartre*, un projet que le philosophe avait lui-même envisagé : rien de plus plausible en effet qu'un Sartre posthume sortant de sa tombe pour revenir une fois de plus sur lui-même, retravaillant et remalaxant à plaisir ses contradictions, les triturant et se manipulant dans leur enchevêtrement (avec le même plaisir qu'on peut avoir à se gratter jusqu'au sang), reconstruisant une énième fiction de sa vie qui, cette fois... et jusqu'à la suivante, leur conférerait une implacable nécessité.

Les dix dernières années de la vie de Sartre nous auront donc fait assister à une vertigineuse multiplication des interviews et des confidences, à une débordante prolifération de l'autobiographique dont l'irrépressible mouvement est enclenché avant même que Sartre, devenu presque aveugle, ne puisse plus écrire. Non seulement Sartre disposait déjà depuis fort longtemps d'une inestimable doublure biographique en la personne de Simone de Beauvoir dont le propre narcissisme autobiographique lui assure, lui garantit la reconstitution livresque de sa vie régulièrement publiée et diffusée aux lecteurs, mais maintenant, et de plus en plus, il se complaît lui-même à se raconter, à se mettre en scène, à s'observer dans son état actuel et à s'opposer à son état passé, à s'articuler logiquement et chronologiquement, à se réinterpréter... Il ne se fatigue jamais de remettre encore et toujours sur le métier sa propre histoire et ses comportements individuels, sa trajectoire et ses postures, il ne se lasse pas de s'interroger et de se faire complaisamment interroger sur ce qu'il a été et ce qu'il est devenu, sur ce qu'il est maintenant pour avoir été si différent autrefois : absolument intarissable sur son propre compte comme s'il désespérait d'arriver un jour au bout de lui-même. Il était une fois un enfant qui allait devenir

Jean-Paul Sartre, et qui dès le début s'en doutait bien, c'est tout au moins de cette nécessité qu'il essaie de nous convaincre et de se convaincre... Un Sartre en perpétuelle reconstruction par ses propres soins, constamment en réfection, en restauration, et cependant jamais achevé, jamais véritablement établi (comme on le dit d'un texte : ses prises de position à imaginer comme l'apparat critique de sa vie, en multipliant les versions et imposant rétrospectivement d'infinies corrections elles-mêmes sujettes à caution...). Cet aveu dans un entretien avec Michel Sicard :

> J'ai toujours cherché, quand j'ai fait des études d'hommes, peintres ou écrivains, le côté *buvant* ou *prenant des drogues* (Baudelaire) qui se livre dans l'œuvre. Ça m'a toujours passionné de retrouver, non pas l'homme construit à travers l'œuvre, mais, par-delà, l'homme qui peint ou écrit sans être construit.

Sartre fasciné par des sujets comme inachevés, toujours en voie de constitution mais jamais complètement constitués : pour autant qu'il n'ignore pas qu'il fait lui-même partie de la race maudite de ceux qui ne seront jamais vraiment construits et établis, perpétuellement à la recherche d'une identité introuvable que même la répétition obstinée de soi-même (écrite puis orale dans son cas, d'abord littéraire mais ensuite plus sauvage et plus traquée) ne parvient pas à faire prendre. Sartre en deçà de lui-même, presque mort mais pas encore constitué. Presque fini mais pas encore venu à terme...

De toutes ces histoires d'«Il était une fois...» qui racontent une naissance, ressourcent une origine pour mieux fonder la certitude d'un devenir et ainsi l'assurance d'une existence présente, on ne s'en sort jamais, et pas plus Sartre que les autres : de plus en plus coincé dans ses autofictions de ressourcement qui devraient garantir son identité actuelle, emmêlé dans ses infinies corrections de son passé pour mettre en perspective son présent... Sartre vieillit, de plus en plus vite comme il a dû rapidement s'en apercevoir, et de ne pas encore s'être trouvé fait qu'il est de plus en plus dominé par une incontrôlable pulsion autobiographique, logorrhée impossible à endiguer, au point qu'il invente et perfectionne d'interview en interview un nouveau genre littéraire, ce que Philippe Lejeune appelle l'*autobiographie parlée*. Sartre m'émeut quand il perd, décide de perdre ou ne peut que perdre toute retenue, précipité corps et biens dans un inextinguible flux autobiographique : ma vie, autant me la refaire et vous en faire profiter aussi souvent que possible, puisqu'aussi bien elle n'atteindra jamais ce point de totalisation qui me ferait exister comme sujet construit. Rien de Sartre ne sera jamais compréhensible si on ne le conçoit pas comme un sujet toujours en manque de sa propre identité. Dès lors contraint de se faire avouer qui il est, qu'il est, cherchant lui-même à s'extorquer son lui-même. Il s'agit encore et toujours de passer aux aveux, de ne rien laisser dans l'ombre, de pourchasser le moindre événement qui fut peut-être essentiel et décisif, de préciser pour la centième fois tel point qui n'est pas encore suffisamment éclairci. Inutile de soutenir que Sartre, se répandant partout et signant (presque) tout, se fait honteusement exploiter par les mass-media voulant profiter au maximum du pouvoir charismatique de son nom de plus en plus associé, presque mythiquement, aux lointains bienfaits d'une impossible révolution. Une si monstrueuse expansion du biographique, il l'a voulue, il l'a programmée, il a tout au moins accepté de ne pas y échapper. Et soulignons dès maintenant que le politique qui constitue l'activité majeure du Sartre des dix dernières années, ne constitue nullement le tout autre de l'autobiographique, mais une de ses formes essentielles, sinon la principale. Car à partir d'un certain moment, Sartre a dû penser (nul besoin évidemment que cette pensée fût consciente) que, quel que soit le sens de ses interventions politiques, tout cela n'avait plus, *en ce qui le concerne en tant que subjectivité*, la moindre importance (ce qui ne signifie nullement qu'elles soient dénuées de la moindre valeur politique : c'est un autre problème et il faudrait écrire un autre livre pour commencer à le traiter en tenant compte de cette omniprésence du sujet) puisqu'en parallèle il se racontait : presque toutes ses prises de position se trouvant complétées et justifiées par une doublure autobiographique expliquant comment il en est arrivé à penser, à défendre tel ou tel point de vue. Ou encore il a dû ressentir, sans nécessairement s'en rendre compte, qu'intervenir politiquement était encore la meilleure façon de se dire, de s'exposer, que paradoxalement il n'existait pas de scène plus intensément subjective que le leurre de l'objectivité du politique.

A relire les unes à la suite des autres les innombrables

interviews de Sartre, à remettre bout à bout toutes ses biographies dialoguées, ses «dialo-biographies», comment ne pas demeurer médusé par sa merveilleuse capacité à se faire avoir ? Non seulement il joue le jeu, s'efforce de répondre le plus consciencieusement possible à toutes les questions qu'on lui pose, avoue tout et ne refuse aucune interrogation aussi traîtresse soit-elle, mais en outre tombe avec une candide innocence (mais ne redevient-il pas instantanément l'enfant qu'il fut dès qu'il se met à parler de lui-même : l'autobiographique infantilisant le sujet désirant être à nouveau l'*infans*, celui qui ne parle pas), avec un aveuglement véritablement stupéfiant dans tous les panneaux. Philippe Lejeune, qui est pourtant un vieil habitué des confidences intimes en tant que spécialiste universitaire des tourments autobiographiques, lui qui en a vu d'autres, est cependant profondément troublé quand il regarde le film d'Astruc et de Contat, *Sartre par lui-même* : «je vois Sartre tel qu'il ne pourra jamais se voir vraiment, j'entends sa parole, je l'écoute parler avec tout son corps, et il en dit plus qu'il n'en sait, au point que je me sens gêné de le sentir si naïvement *exposé*». Il est naïf (et désarçonné) comme le serait probablement chacun d'entre nous si nous étions soumis au même mitraillage de questions dans les mêmes conditions, mais il n'y a certainement aucune naïveté de sa part dans son acceptation délibérée d'être ainsi exposé à sa propre naïveté. Saint Sébastien de l'autobiographie, il n'a jamais ignoré que les flèches des interviewers ne le manqueraient pas, pénètreraient profondément dans sa personnalité la plus intime. Le martyr n'est jamais inconscient : il savait bien à quoi il s'exposait. Même si une certaine naïveté de Sartre ne peut manquer de nous déconcerter à l'écoute et à la lecture de ses entretiens quand nous nous souvenons par ailleurs de la fabuleuse intelligence critique de ses textes littéraires et philosophiques, il me semble essentiel de concevoir qu'il a délibérément pris ce risque de se montrer naïf, parfois incohérent, souvent empêtré dans ses contradictions, qu'il l'a même concerté et désiré. Cherchant lui-même à se mettre en position de faiblesse pour mieux passer aux aveux... Ne désirant rien tant que s'infliger la question (par interviewers interposés), que s'extorquer des confidences...

Le sujet manifeste

Qu'est-ce qui pousse donc un écrivain célèbre, déjà si reconnu que cela n'ajoutera vraiment rien à sa gloire, à ainsi prostituer sa biographie et son intimité, à s'exposer aussi dangereusement et dérisoirement sur la place publique ? Qu'est-ce qui lui impose ce contrat exorbitant et indécent, tout dire, tout avouer, ne pas cesser de se confesser ? Sartre tel qu'il se désire nous demeurera totalement hermétique si on ne fait pas de ses dix dernières années non pas l'affaiblissement, la dégradation, la corruption et le vieillissement de son œuvre antérieure, mais au contraire, tout au moins pour lui en tant que sujet qui a tant écrit, son couronnement, son aboutissement, sa perfection, plus précisément encore quelque chose comme son passage à l'acte. Car le plus profond désir sartrien est sans aucun doute la *transparence aux autres* comme il s'en explique à Michel Contat :

> – *Est-ce que ça vous gêne que je vous interroge sur vous* ?
> – Non, pourquoi ? J'estime que chacun devrait pouvoir dire, devant un interviewer, le plus profond de soi. Selon moi, ce qui vicie les rapports entre les gens, c'est que chacun conserve par rapport à l'autre quelque chose de caché, de secret, pas nécessairement pour tous, mais pour celui à qui il parle à tel moment présent.
> Je pense que la transparence doit se substituer en tout temps au secret, et j'imagine assez bien le jour où deux hommes n'auront plus de secrets l'un pour l'autre parce qu'ils n'en auront plus pour personne, parce que la vie subjective, aussi bien que la vie objective, sera totalement offerte, donnée. Il est impossible d'admettre que nous livrions notre corps comme nous le livrons, et que nous cachions nos pensées, étant donné que, pour moi, il n'y a pas de différence de nature entre le corps et la conscience.
> – *N'est-ce pas uniquement aux gens à qui nous livrons réellement notre corps que nous livrons totalement nos pensées ?*
> – Nous livrons notre corps à tout le monde, même en dehors de toute relation sexuelle : par le regard, les contacts. Vous me livrez votre corps, je vous livre le mien : nous existons chacun l'un pour l'autre comme corps. Mais nous n'existons pas de la même manière comme conscience, comme idées, bien que les idées soient des modifications des corps.
> Si nous voulions vraiment exister pour l'autre, exister comme corps, comme corps qui peut donc perpétuellement être dénudé – même si on ne le fait jamais –, les idées devraient apparaître à l'autre comme venant du corps. Les paroles sont tracées par une langue dans une bouche. Toutes les idées devraient apparaître comme cela, même les

plus vagues, les plus fugaces, les moins saisissables. Autrement dit, il ne devait plus y avoir cette clandestinité, ce secret que certains siècles ont cru être l'honneur de l'homme et de la femme, ce qui me semble une sottise.

– *Quel est pour vous l'obstacle principal à cette transparence* ?

– C'est d'abord le Mal. [...] en fait, il y a un quant-à-soi, né de méfiance, d'ignorance, de peur, qui fait qu'à chaque instant je ne suis pas en confiance avec l'autre, ou je le suis trop peu. Personnellement d'ailleurs, je ne m'exprime pas sur tous les points avec les gens que je rencontre, mais j'essaie d'être le plus translucide possible, parce que j'estime que toute cette région sombre que nous avons en nous-mêmes, à la fois sombre pour nous et sombre pour les autres, nous ne pouvons l'éclaircir pour nous-mêmes qu'en essayant d'être clairs pour les autres.

– *N'est-ce pas d'abord dans l'écriture que vous avez cherché cette transparence* ?

– Pas d'abord, en même temps. Si vous voulez, c'est dans l'écriture que j'allais le plus loin. Mais il y a aussi la conversation de tous les jours, avec Simone de Beauvoir, avec d'autres, avec vous, puisque nous sommes ensemble aujourd'hui, où j'essaie d'être le plus clair et le plus vrai possible, de manière à livrer entièrement, ou à essayer de livrer entièrement, ma subjectivité. En fait, je ne vous la donne pas, je ne la donne à personne, parce qu'il reste des choses qui, même à moi, refusent d'être dites, que je peux me dire à moi mais qui refusent à moi d'être dites à l'autre. Comme chacun, j'ai un fond sombre qui refuse d'être dit.

– *L'inconscient* ?

– Pas du tout. Je parle de choses que je *sais*. Il y a toujours une espèce de petite frange qui n'est pas dite, et qui ne veut pas être dite, mais qui veut être sue, sue par moi. On ne peut pas tout dire, vous le savez bien. Mais je pense que plus tard, c'est-à-dire après ma mort, et peut-être même après la vôtre, les gens parleront de plus en plus d'eux-mêmes et que ça fera un grand changement. Je pense que ce changement est lié, d'ailleurs, à une véritable révolution.

Il faut qu'un homme existe tout entier pour son voisin, qui doit également exister tout entier pour lui, pour que s'établisse une véritable concorde sociale. Ce n'est pas réalisable aujourd'hui, mais je pense que ce le sera lorsque le changement des rapports économiques, culturels, affectifs entre les hommes aura été accompli, d'abord par la suppression de la rareté matérielle, qui est, selon moi, comme je l'ai montré dans la *Critique de la raison dialectique*, le fondement de tous les antagonismes passés et actuels entre les hommes.

Il y aura sans doute alors des antagonismes nouveaux, que je ne peux pas imaginer, que personne ne peut imaginer, mais qui ne feront pas obstacle à une forme de socialité où chacun se donnera tout entier à quelqu'un qui se donnera tout entier. Une telle société, bien entendu, ne pourrait être que mondiale, car, s'il subsistait

> dans un seul endroit du monde des inégalités et des privilèges, les conflits induits par ces inégalités gagneraient à nouveau, de proche en proche, le corps social tout entier.
>
> («Autoportrait à soixante-dix ans», *Situations, X*)

Fin de citation : qui peut sembler démesurée dans ce livre en raison de sa longueur. Et cependant indispensable et fondatrice : car Sartre, lui-même démesuré jusqu'à espérer et programmer une application mondiale de son fantasme intime, formule alors l'utopie de son bonheur individuel. Impossible d'être vraiment heureux si l'autre ne me voit pas complètement, si subsistent des cônes d'ombre dans la relation intersubjective. S'il continue à ignorer la moindre parcelle de ce que je suis, il entraîne mon malheur.

Il faut en conclure que la révolution n'a peut-être d'autre fin que de déboucher à plus ou moins long terme sur une absolue transparence du sujet à autrui, que l'abolition de la lutte des classes permettra enfin d'instaurer une véritable translucidité des subjectivités entre elles. Quand le bouleversement révolutionnaire aura efficacement agi et balayé les anciennes mentalités, on pourra euphoriquement se promener dans la communauté sociale comme dans une immense maison de verre. Plus de zones d'ombre, plus d'intériorités obscures, plus de domaines cachés et réservés, plus de secrets honteusement dissimulés, plus d'intimité à protéger ! La société future conçue comme un vaste *panoptique* où je vois complètement les autres qui voient eux-mêmes tout de moi. Tout voir, être entièrement vu : Sartre visant en somme à améliorer le coefficient visuel des relations sociales, lui qui a construit sa théorie des rapports à autrui sur l'évidente prééminence du regard. Pour l'instant nous n'appartenons pas encore à cette ère idyllique de l'absolue transparence intersubjective (même si les relations Sartre-Beauvoir se veulent déjà une première tentative pour essayer d'expérimenter et d'instaurer dans le cadre restreint d'une communication duelle cette translucidité des consciences), et moi, Jean-Paul Sartre, je ne peux rien faire d'autre que m'exhiber, que me dévoiler autant qu'il est possible, trop sans doute, quasiment caricaturalement. Mais qu'est-ce qui est donc pour lui à ce point inavouable à lui-même et aux autres, si profondément et douloureusement caché et dissimulé, pour qu'il rêve d'une semblable société où tout aurait été, une bonne fois pour toutes, avoué ? Que recèle-t-il en lui de si insupportable pour désirer aussi intensément ce merveilleux paradis social où enfin il n'existera plus de vie privée ?

> [...] nous savons bien que cette distinction entre vie privée et vie publique n'existe pas en fait, qu'elle est une pure illusion, une mystification. C'est pourquoi je ne veux pas revendiquer d'avoir une vie privée, c'est-à-dire une vie cachée, secrète, et c'est pourquoi aussi je réponds volontiers à vos questions.
>
> («Autoportrait à soixante-dix ans»)

Toujours ce même désir que le subjectif soit totalement à découvert. Et avez-vous remarqué qu'une des scènes les plus typiquement sartriennes est justement celle de l'*aveu*, quand un sujet avoue, spontanément ou après une discussion, ou même sous la menace ou l'effet de la torture, qui sans aucun doute révulse Sartre, mais qui doit aussi le fasciner parce que le sujet livre alors aux autres son secret, se délivre. Sartre constamment dominé par une insurmontable pulsion le poussant à se rendre toujours plus public. Le politique qui deviendra de plus en plus important pour lui (la communauté de l'engagement, le groupe militant) n'est-il pas d'ailleurs *aussi* une façon de s'exposer (en tous les sens du terme), de se montrer, de se transformer en un sujet totalement public ? On demeure littéralement médusé quand on fait le compte des pétitions signées, des appels lancés, des comités et des journaux soutenus, des réunions présidées par Jean-Paul Sartre, encore et toujours sur le devant de la scène politique et publique. Sartre exposé et s'exposant. Ce n'est certes pas tenir pour rien la radicalité de son engagement politique, déprécier l'énergie consacrée au militantisme que d'affirmer que pour lui une participation directe et assidue, toujours en première ligne, aux luttes socio-politiques de son époque, est déjà une façon de fonder, de promouvoir pour son propre compte la transparence des rapports intersubjectifs. De la fameuse harangue qu'adresse Sartre, à Billancourt, aux ouvriers de chez Renault, on ne retient d'habitude, pour la valoriser ou s'en moquer, que la valeur proprement idéologique de l'intervention : l'intellectuel mondialement célèbre et reconnu décidant de s'adresser directement à la classe ouvrière, de mettre ses compétences à son service. Il faudrait aussi tenir compte de la scénographie matérielle de ce petit épisode militant : oserais-je dire que si le philosophe cynique habite son tonneau, l'existentialiste de formation phénoménologique est par contre juché sur lui, en dehors, à l'extérieur, bien en vue de tous. Ecoutez-moi, regardez-moi, ouvriers de chez Renault, voyez-moi tel que je suis. Je n'ai strictement rien à vous cacher. Il y a chez Sartre une volonté acharnée de constamment s'extérioriser, de faire ressortir à l'extérieur ce qui, confiné dans les sombres profondeurs de l'intimité, constituerait son intériorité. *Tout à l'extérieur, rien à l'intérieur* : telle pourrait être la devise sartrienne. Et qu'est-ce donc que la conscience, pierre angulaire de tout son système philosophique ? Comme l'a bien montré Denis Hollier (dans le plus bel essai consacré jusqu'à présent à Sartre, *Politique de la prose. Sartre et l'an quarante*), elle est justement ce comble, «une intériorité du dehors dans la mesure où 1) elle est chez elle à l'extérieur et que 2) elle consiste précisément dans l'insertion inverse d'un vide au sein d'un plein, d'une zone de non-être au sein de la présence. L'extérieur (l'inerte) doit rester à l'extérieur. S'il s'infiltre dans la conscience, il faut l'expulser. Mais rien ne doit le remplacer à l'intérieur de la conscience qui n'est qu'une évacuation absolue, un rejet allergique de tout contenu. Selon le concept husserlien de l'intentionnalité, elle «n'est rien que le dehors d'elle-même», elle n'a pas de «dedans» : l'ekstase existentielle exclut, par définition, toute valorisation de l'intimité».

On a dit de Sartre qu'il avait été l'écrivain le plus injurié du XXe siècle, et de fait il a été incroyablement insulté, ordurièrement traîné dans la boue, outragé avec la pire grossièreté. Ce n'est nullement nier les violences de l'histoire et les risques de l'engagement politique que de reconnaître que Sartre semble parfois se mettre très volontairement en position de recevoir les coups des autres : sinon les rechercher comme par plaisir, tout au moins ne prendre aucune précaution pour s'en éviter quelques-uns. Multipliant prises de position et contradictions, déclarations et changements de cap, interventions et revirements, il n'ignore certainement pas qu'il ne peut que se faire honnir, bassement détesté par ses amis de la veille et déjà suspecté par ses nouveaux alliés. Rarement un penseur s'est révélé aussi capable de se créer tant d'adversaires. Je ne crois pas scandaleux de soutenir qu'il tire quant à lui certains bénéfices personnels de ces monceaux d'injures qui le bafouent, qui auraient probablement anéanti intellectuellement et psychiquement tout autre que lui. Car toute insulte, aussi blessante et ignoble soit-elle, même injuste et parfaitement réactionnaire, possède quand même l'indéniable avantage de prouver «objectivement» au sujet qu'il est vu et perçu (fût-ce très négativement) par les autres, qu'il ne cache pas son jeu, qu'il abat ses cartes, qu'il est en vue. L'injure est une forme de reconnaissance, douloureuse mais tangible, pour celui qui se dit qu'il n'aurait pas été à ce point critiqué et bafoué s'il ne s'était pas montré aux autres tel qu'il est réellement. S'il est à ce point invectivé et maltraité, c'est qu'il manifeste, se manifeste, se montre sous toutes les coutures. Francis Jeanson, longtemps fort proche de Sartre et depuis toujours gagné à sa cause, en vient lui-même à écrire, dans *Sartre et sa vie*, que Sartre a peut-être fini par «se vouloir [...] la fille publique d'une démarche révolutionnaire». Et c'est vrai qu'il y a une fondamentale impudeur, une totale indiscrétion, une provocante impudicité du politique chez Sartre qui n'a rien de plus pressé que de faire part à tout le monde de chacun de ses revirements, de donner le maximum de publicité au dernier en date de ses «reniements», de communiquer à l'ensemble de la presse ses plus récentes coordonnées idéologiques, quelques degrés de longitude de plus ou de moins vers l'est. Sartre a écrit de Jean Genet qu'on avait fait de lui un «enfant public». Il se veut quant à lui un *philosophe public* comme on parle d'écrivain public ou (mieux ou pire) de fille publique. Deux précautions valent mieux qu'une en ces domaines politiques qui demeurent fort sensibles à notre génération : répétons qu'il ne s'agit pas ici de prendre parti sur le fond, d'évaluer la portée proprement idéologique de ses interventions, mais de décrire une posture, de repérer un comportement qui n'indexe pas mécaniquement la validité des messages qu'il délivre, de souligner cette façon qu'il a toujours eu de livrer au public ses moindres états d'âme politiques, comme d'autres le soir, dans les rues des grandes villes, dégrafent leurs soutiens-gorge et relèvent leurs jupes. Comparaison infiniment plus émouvante que déshonorante et infamante : une «prostitution» finale qui est aussi une façon d'expier le puritanisme des origines, de rembourser à la collectivité sa réussite individuelle comme écrivain. Car n'oubliez jamais que Sartre, par l'ascendance maternelle est un Schweitzer, faisant partie de cette famille dont le membre le plus célèbre n'est autre qu'«un pasteur, Albert Schweitzer, dont on sait la carrière» (ainsi que Sartre lui-même le rappelle dès la première page des *Mots*). Or même si leurs destins respectifs semblent à première vue complètement divergents, impossible cependant de ne pas remarquer un certain parallélisme entre le pasteur et l'écrivain : de même que le directeur du séminaire protestant de Strasbourg abandonne sa carrière de musicien et de musicologue (ainsi que de philosophe et de théologien) pour se consacrer à la médecine en Afrique et soigner les trop fameux lépreux de Lambaréné, Jean-Paul Sartre délaisse de plus en plus la littérature en tant que telle en faveur des innombrables tâches très pressantes et très prenantes imposées par son engagement politique. Chez l'un et chez l'autre (le premier acceptant en 1953 le prix Nobel que le second refusera – peut-être aussi pour ne pas trop lui ressembler) le besoin de se donner à la collectivité souffrante finit par reprendre le dessus sur l'individualisme de la vocation artistique, Sartre confirmant s'il en était besoin que lorsque l'on est issu d'un milieu protestant, on n'oublie jamais complètement ses origines comme nous l'avaient déjà appris André Gide et Roland Barthes. Se consacrant à autrui, mais aussi pour mieux se montrer. Car le politique permet à Sartre de tendre vers cette transparence qui le séduit tant, de déballer son intériorité pour la rendre un peu plus translucide. Idéologiquement il faut distribuer les journaux de la presse d'extrême-gauche, mais subjectivement il importe de se faire voir en train de les distribuer : nullement pour poser à l'intellectuel militant (il n'est pas de sujet moins apprêté et moins affecté que Sartre), mais plus existentiellement pour n'être rien d'autre que l'évidence visible de ses propres gestes et de sa pratique, que la manifestation totalement extériorisée de sa personnalité.

Le philosophe est plus souvent dans la rue qu'à son bureau. L'existentialisme et Saint-Germain-des-Prés, cette association d'un mouvement philosophique et d'un quartier de Paris juste au lendemain de la seconde guerre mondiale est extrêmement symptomatique : le penseur des temps modernes travaille au café. *La Coupole*, *Les Trois Mousquetaires* avenue du Maine, ensuite *Le Flore* : trois hauts lieux sartriens. Cafés comme lieux de rencontres, de discussions, de polémiques, d'écriture. Tout se passe à l'extérieur, tout au moins derrière les vitres d'un lieu public où chacun peut entrer. Le passant du XXe siècle a désormais la possibilité et la chance de voir le philosophe éternellement attablé, en train de manger, de boire, de converser, de penser et d'écrire. Ou encore, il le croise un instant arrêté devant le kiosque à journaux de la place Saint-Germain-des-Prés ou l'aperçoit dans la foule qui manifeste. Quand il a fini sa journée d'écrivain public, il regagne sa chambre d'hôtel, autre façon de refuser l'espace clos de l'intimité et de la vie privée (puisque tout le monde sait que pendant très longtemps Sartre a tenu à n'habiter que des chambres d'hôtel). Et même lorsque plus tard il aura un domicile fixe, nombreuses seront les photos prises dans l'appartement que Sartre occupe le montrant à la fenêtre, en-train de regarder au dehors : la fenêtre représentant bien l'ouverture de l'intérieur sur l'extérieur, un appel toujours renouvelé vers le dehors du confinement intimiste. Dans son succès même, dans sa renommée grandissante à partir de 1945, l'existentialisme fut un phénomène public largement diffusé et répercuté par la presse de l'époque dont les dénonciations mêmes, souvent d'une ignoble bassesse, ne faisaient qu'élargir l'audience. Premier mouvement philosophique français largement «mass-médiatisé» (qui a dû faire pâlir d'envie certains de nos ex-nouveaux philosophes qui comprirent que les «idées», à condition d'être couvertes par l'information et lancées comme des produits, pouvaient devenir un bien de consommation comme un autre ; mais Sartre lui aussi en retint l'importance fondamentale de la presse puisque trente ans plus tard il consacra tout ce qui lui restait d'énergie à permettre la fondation de *Libération*), bien plus que par ses thèses il fut à l'origine connu du «grand public» par toute l'agitation spectaculairement mondaine qui l'entourait. L'existentialisme à cette époque sort en ville presque tous les soirs : Saint-Germain-des-Prés et ses cafés et ses caves : le jazz, Boris et Michèle Vian, et aussi Juliette Gréco. De brusques et lumineuses retrouvailles avec la possibilité de s'exprimer librement, de s'extérioriser à découvert et de ne plus rien cacher après les dissimulations et les masques des sombres années de la guerre. Il est enfin redevenu possible de se découvrir, le philosophe existentialiste sera un homme d'extérieur qui recherche obstinément le regard de ses contemporains. Et combien de fois n'a-t-on pas écrit que Sartre est le *miroir* de son époque : Serge July titre son éditorial «Sartre miroir» (dans le très beau numéro spécial de *Libération* après la mort de l'écrivain) ; Josette Pacaly intitule sa grande étude critique *Sartre au miroir*... Par définition un miroir est fait pour être regardé. Si le philosophe reflète son époque, il convient de l'examiner, de l'observer attentivement. Et Sartre aura donc été jusqu'à se mettre au pilori pour mieux se faire voir.

Mais Sartre ne serait pas vraiment Sartre tel que de toute façon il ne peut pas l'être, si chacun de ses comportements bien qu'ardemment défendus et revendiqués, théoriquement assumés et de fait mis en pratique, n'était immédiatement travaillé et entamé par sa dénégation. Ainsi son désir de la transparence par ailleurs si nettement affirmé se trouve-t-il décrit et instruit comme une vraie souffrance et une pénible (op-)pression, ainsi sa volonté de translucidité se révèle-t-elle vécue comme une quasi fatalité durement supportée dans trois magnifiques pages des *Carnets* qui demeureront en leur extrême ambiguïté presque tragique parmi les plus belles de Sartre. Se reconnaissant alors comme sujet public, mais en arrivant à formuler de nostalgiques regrets sur son impossible subjectivité alors même qu'il fait tout pour empêcher et détruire dans l'œuf sa constitution. Parvenant finalement à se reconstruire et à se ménager une réserve personnelle dans et par le mouvement même qui devrait le donner totalement à autrui :

> J'ai, en somme, depuis ma dix-septième année, toujours vécu en couple et je n'entends pas du tout par là en couple amoureux. Je veux dire que j'étais engagé dans une forme d'existence rayonnante et un peu torride, sans vie intérieure et sans secrets, où je sentais constamment sur moi la pression totale d'une autre présence et où je me durcissais pour supporter cette présence. La vie en couple me rendait dur et transparent comme un diamant, autrement je ne l'eusse pas supportée. C'est une des grandes raisons, sans doute, de la «publicité» de ma vie. J'ai dit que mes moindres sentiments, mes moindres pensées étaient dès leur naissance publiques. T. s'étonnait que je puisse envisager de publier des carnets d'une sincérité

totale. Mais cela m'est devenu naturel et je suis tenté de croire que cela vient de mes amitiés. J'avais l'impression à chaque instant que mes amis me lisaient jusqu'au cœur, qu'ils voyaient mes pensées se former, lors même qu'elles n'étaient que des bulles pâteuses et que ce qui devenait clair pour moi l'était déjà pour eux. Je sentais leur regard jusqu'au fond de moi-même, cela m'obligeait à m'éclairer au plus vite, à pourchasser la pénombre en moi et, dès qu'une pensée m'appartenait en toute transparence, du même coup elle leur appartenait aussi. Dès cette époque il régna dans mon esprit une clarté impitoyable, c'était une salle d'opération, hygiénique, sans ombres, sans recoins, sans microbes, sous une lumière froide. Et pourtant, comme l'intimité ne se laisse jamais complètement expulser, il y avait tout de même au-delà de cette sincérité de confession publique ou plutôt en deçà, une espèce de mauvaise foi qui était bien à moi, non pas tant dans le fait de garder des secrets que plutôt dans une certaine manière de m'évader de cette sincérité même et de ne pas m'y donner. Si l'on veut, en un sens j'étais tout à fait dans le coup et en autre sens je m'en échappais en me *voyant* être dans le coup et en me désolidarisant de cette partie publique de moi-même par le seul fait de la considérer. J'ai déjà dit que la forme essentielle de mon orgueil consiste à être sans solidarité avec moi-même. S'est-elle constituée comme une défense contre la translucidité étouffante de l'amitié ou au contraire est-ce elle qui m'a permis de supporter cette vie publique éclatante ? Je ne saurais le dire mais la relation est évidente. Seule la conscience ferme d'être toujours par-delà ce que j'étais m'a permis de me livrer des années durant sans un voile dans une nudité totale à mes amis. Seul mon orgueil m'a permis cette totale sincérité. Sincérité qui d'ailleurs n'était totale que *dans les faits* énoncés mais qui laissait intacte mon *attitude envers ma sincérité*. Tout ce que je disais de moi se détachait de moi quand je le disais, devenait bien commun, trésor fédératif ; c'était *nous* bien plus que moi-même.

Ainsi Sartre en viendrait-il en dernière instance à se dédoubler en se dissociant de la partie publique de lui-même, en se désolidarisant de ce qu'il révèle aux autres et sacrifie au groupe sur l'autel de la transparence. Ici le texte parle de lui-même comme on dit, immédiatement symptomatique dans son «masochisme» littéralement chirurgical qui fait du sujet débusqué de son intimité, pire encore qu'un opéré à vif, une salle d'opération (et il y aurait sans doute plus d'un rapport à établir entre la très hygiénique et très pasteurisée cruauté de cette impitoyable pratique de la sincérité et les origines proprement protestantes : toujours l'éprouvante question de l'examen de conscience... [3]) : de toute évidence Sartre quand il prétend parvenir à se voir en train d'offrir sa transparence à l'autre et ainsi se réserver, se retrouver une forme d'intériorité par le spectacle qu'il se donne à lui-même de sa propre sincérité, tente alors de façon désespérée (et sans trop y croire à mon avis) de se récupérer, de se ménager la consolation d'un ultime et dérisoire quant-à-soi, fût-il parfaitement formel, simple geste sans contenu. Car dans ces conditions reste-t-il encore quelque chose de lui-même ? Qu'est-ce donc qu'un sujet qui ne serait à chaque instant que le reste déserté d'une subjectivité totalement objectivée et livrée aux autres ? Ne devient-il pas le simple manque de ce qu'il a donné, constamment vidé et privé de lui-même ?

> [...] je n'avais pas cette chaude et intime promiscuité avec moi-même qui sert de consolation et de berceuse à tant de gens. Tout ce que je sentais, aussitôt je le saisissais avec des gants, je l'exprimais en mots avant même de l'avoir laissé atteindre à son complet développement, je le forçais un peu et je le servais bien chaud à l'ami. Celui-ci aussitôt me donnait son opinion sur la chose et, par là même, m'aidait à la construire complètement. A peine né, le mouvement d'humeur ou de tendresse, de générosité ou d'égoïsme recevait son étiquette, était classé parmi d'autres mouvements analogues et même était rattaché à une valeur ; nous décidions ensemble qu'il était blâmable ou louable au nom de la morale que nous acceptions tous deux. Il y avait, de ce fait, quelque chose qui manquait en moi. Ce qui manquait est inexprimable, au point que j'ai longtemps vécu sans m'en apercevoir, ça n'était rien du tout, sauf une certaine manière de se reposer en soi, de faire corps avec soi. T., seule à Laigle et ne pouvant compter que sur soi, arrivait au contraire à une intimité avec soi qui n'excluait pas, je le veux bien, une certaine mauvaise foi, mais qui était douce comme une caresse. Les sentiments en elle, innommés, innommables, se développaient avec une sorte de nonchalance jusqu'au point où ils avaient envie d'aller, pas plus loin, sans risquer d'être aussitôt tirés par les cheveux, mis en pleine lumière, tout gigotants, tués d'un bon coup de poing sur la nuque puis catalogués, embaumés ou empaillés. C'est ce que le Castor exprimait en disant : «Vous n'êtes pas psychologique», ce qui ne veut pas dire que je n'aie

3. Car on a toujours nettement sous-estimé tout ce qu'il pouvait subsister de protestantisme dans le «progressisme» philosophique et politique de Sartre : son existentialisme qui en rajoute trop sur l'exposition nauséeuse du réel pour ne pas être lu aussi comme un complexe système de dénégation, n'a jamais complètement rompu avec le puritanisme des origines.

> pas les mêmes réactions psychologiques que les autres, mais plutôt qu'elles apparaissent tout de suite en moi comme des plantes séchées dans un herbier. Cette translucidité totale, je dois le dire, était plutôt mon fait que celui de mes amis, d'où je conclus à la réflexion que c'était plutôt moi qui mettais l'amitié sur ce terrain. Même le Castor a toujours su garder des zones d'ombre ou de pudeur qui étaient un foyer de «psychologique», où se développaient mille virus tendres ou amers [...]. C'est une chose, je crois, que je n'ai pas assez marquée dans ces carnets et qui pourtant m'expliquent : jusqu'à cette guerre j'ai *vécu public*. Et ces carnets, au fond, sont une manière de vivre public encore. Souvent, je force mes impressions. Que l'on m'entende : je les force dans le bon sens, mais une erreur fraîche et sombre serait peut-être préférable à leur aveuglante vérité. Car cette vérité n'a plus rien d'historique, elle ne concerne plus l'homme que je fus en ce jour, à cette heure. C'est une vérité d'*essence* : par essence un homme d'une certaine sorte devait éprouver telle impression en telle circonstance. Circonstance, caractère, impression sont définis avec scrupule : mais tout cela n'est déjà plus moi. Au vrai je traite mes sentiments comme des idées : une idée, on la pousse jusqu'à ce qu'elle craque ou devienne enfin «ce qu'elle était». Mais si le psychologue a le droit de procéder ainsi vis-à-vis des sentiments, l'*homme* crie grâce, il voudrait avoir quelquefois des réactions qu'il ne puisse pas nommer.

Sartre crie grâce ! Et nous rappelle à temps que celui que j'appelle ici le *philosophe public* a peut-être vécu son propre désir de transparence comme l'expression d'une liberté terriblement contrainte et déterminée. Un désir qui ressemble étrangement à une obligation, un projet concerté qui prend l'allure d'une fatalité subie. Car semblable translucidité, c'est en fait la seule «solution» qui s'offre à lui, mais combien sévèrement et ascétiquement éprouvante et frustrante. Soit ! intégralement public il se voudra et sera, mais à condition que nous réalisions qu'une telle exigence qu'il s'inflige n'est probablement pour lui que la seule réponse disponible à une situation imposée dont il n'a pas maîtrisé la mise en place. Est-il possible à ce stade de notre démonstration – ou plutôt de mon écoute – d'être plus explicite ? On se contentera pour l'instant de suggérer un paradoxe qui, sans fournir d'explication causale, permet tout au moins de mieux approcher l'aporie et l'utopie sartriennes, de mieux concevoir ce sujet en double bande mettant d'autant plus systématiquement en application son principe de la transparence intersubjective que de toute façon il n'a pas l'ombre d'une possibilité de pouvoir y échapper. Et si être totalement vu dans une complète transparence, être constamment et exhaustivement élucidé et percé à jour par les autres, c'était finalement la seule façon de ne pas être vu, de se rendre invisible ? Car lorsque tous les sujets seront entièrement transparents et translucides les uns pour les autres, en fait il n'y aura strictement plus rien à voir. Personne n'ignore que seuls les défauts et les salissures d'une glace lui assurent sa perceptibilité : parfaitement limpide et propre, elle est traversée par le regard sans retenir son attention. De même si les sujets de l'avenir deviennent intégralement transparents dans leurs relations, si la société entière atteint ce degré de cristalline limpidité tant désiré par Sartre, si toute opacité subjective disparaît, d'une certaine façon cette totale visualisation des intériorités abolies par leur transparence même les rendra imperceptibles au regard d'autrui. Car il n'y a pas de vision possible sans le maintien de zones d'ombre comme nous l'enseignent par exemple ces paysages méditerranéens éclairés en plein midi par l'absolue verticalité d'une lumière si blanche et si crue, si aveuglante et si néantisante, que le réel en vient à s'effacer dans l'excès même de son illumination solaire.

Avant le regard d'autrui...

Reste évidemment à se demander ce qui a placé le sujet dans une situation à ce point aporétique dans son ambivalence, dans ses exigences contradictoires le contraignant à se livrer totalement à autrui tout en déplorant la désertification de sa subjectivité intime. Rappelons d'abord qu'à l'origine de toute vie d'écrivain telle que nous la décrit et fabule Sartre dans ses «biographies», il y a toujours une *exclusion* hors de l'enfance à chaque fois célébrée comme un paradis perdu. Qu'est-ce donc que l'enfance ? C'est essentiellement cette période où le sujet est justifié, où il a sa place, autrement dit où le regard parental, mais surtout maternel, fonde et confirme l'identité de l'enfant merveilleusement conforme et adéquat à la façon dont il est regardé, parfaitement consubstantiel avec l'image qu'on se fait de lui. Le regard familial ne le sépare pas de lui-même, mais au contraire confond et réunifie son être et son apparaître. Il est tel qu'il est vu, le regard d'autrui ne le dissocie pas encore de lui-même :

> Lorsque son père mourut, Baudelaire avait six ans, il vivait dans l'adoration de sa mère ; fasciné, entouré d'égards et de soins, il ne savait pas encore qu'il existât comme une personne, mais il se sentait uni au corps et au cœur de sa mère par une sorte de participation primitive et mystique ; il se perdait dans la douce tiédeur de leur amour réciproque ; il n'y avait là qu'un foyer, qu'une famille, qu'un couple incestueux. «J'étais toujours vivant en toi, lui écrira-t-il plus tard, tu étais uniquement à moi. Tu étais à la fois une idole et un camarade».
>
> On ne saurait mieux rendre le caractère sacré de cette union : la mère est une idole, l'enfant est *consacré* par l'affection qu'elle lui porte : loin de se sentir une existence errante, vague et superflue, il se pense comme *fils de droit divin*. Il est toujours vivant en elle : cela signifie qu'il s'est mis à l'abri dans un sanctuaire, il n'est, il ne veut être qu'une émanation de la divinité, une petite pensée constante de son âme. Et précisément parce qu'il s'absorbe tout entier en un être qui lui paraît exister par nécessité et par droit, il est protégé contre toute inquiétude, il se fond avec l'absolu, il est *justifié*.
>
> *(Beaudelaire)*

L'enfant tient ses parents pour des Dieux. Leurs actes comme leurs jugements sont des absolus ; ils incarnent la raison universelle, la loi, le sens et le but du monde. Lorsque ces êtres divins posent leur regard sur lui, ce regard le justifie aussitôt jusqu'au cœur même de son existence ; il lui confère un caractère défini et sacré : puisqu'ils ne peuvent se tromper, il *est* comme ils le *voient*. Aucune hésitation, aucun doute ne trouvent de place en son âme : certes, il ne saisit de lui-même que la succession vague de ses humeurs, mais des Dieux se sont faits les gardiens de son essence éternelle, il sait qu'elle existe, alors même qu'il ne peut la connaître, il sait que sa *vérité* n'est pas dans ce qu'il peut savoir de lui-même mais qu'elle se cache dans ces grands yeux terribles et doux qui se tournent vers lui. Essence vraie au milieu d'essences vraies, il a sa place dans le monde – une place absolue dans un monde absolu. Tout est plein, tout est juste, tout ce qui est devait être. Baudelaire n'a cessé de regretter ces verts paradis des amours enfantines. Il a défini le génie comme «l'enfance retrouvée à volonté». Pour lui «l'enfant voit tout en *nouveauté* ; il est toujours *ivre*». Mais il omet de nous dire que cette ivresse est d'une espèce très particulière. Tout est nouveauté, en effet, pour l'enfant, mais ce nouveau a déjà été vu, nommé, classé par d'autres : chaque objet se présente à lui avec une étiquette ; il est éminemment rassurant et sacré puisque le regard des grandes personnes traîne encore dessus. Loin que l'enfant explore des régions inconnues, il feuillette un album, il recense un

> herbier, il fait le tour du propriétaire. C'est de cette sécurité absolue de l'enfance que Baudelaire a la nostalgie.
>
> (*Baudelaire*)

Rarement la critique littéraire aura produit des pages plus indiscrètement et même incestueusement maternelles, qui font d'ailleurs de la présence de la mère une satisfaction essentiellement optique : il suffit qu'elle me regarde pour que mon existence soit justifiée, ma vérité n'est nulle part ailleurs que dans ses yeux. Et exactement sur le même mode l'enfance a été intériorisée par Genet (celui de Sartre bien sûr [4]) comme Paradis perdu. Tout se passe comme si dans la perspective sartrienne la coupure du cordon ombilical s'effectuait à chaque fois à retardement. Une expulsion différée et catastrophique : c'est après avoir déjà vécu une dizaine d'années dans le monde que le sujet est enfin accouché. On comprendra bientôt pourquoi il importe d'employer des métaphores aussi maternellement connotées pour décrire cette exclusion hors du paradis de l'enfance. Il suffit pour l'instant de souligner que l'expulsion s'effectue assez tard pour qu'on ait pris conscience du plaisir qu'il y aurait (eu) à ne pas être expulsé. Pour l'écrivain tel que se le figure Sartre tout aura donc commencé, véritablement commencé par une *déchéance*. Dans une interview accordée à *Libération* (du 5 janvier 1983), l'écrivain péruvien Manuel Scorza soutient que «l'écrivain est un homme qui a déjà mal commencé». Et comment ne pas remarquer qu'il y a toujours un caractère quelque peu mélodramatique des biographies sartriennes : il a d'abord fallu une situation d'échec pour tout enclencher. Incontestablement une vie d'écrivain racontée par Sartre tend toujours à nous prouver qu'en dernière instance écrire n'est pas vraiment une réussite. Qu'il est donc terrible et éprouvant de devoir devenir un jour un grand auteur ! Il n'y a pas d'écrivain heureux, semble nous répéter Sartre de biographie en biographie. Ne vous faites pas d'illusions ! Ce que l'on considère comme la réussite littéraire s'enracine

---

4. Puisque le philosophe est alors obligé en des pages fatalement très contournées et approximatives de reconstituer une période positivement maternelle pour celui qui vient en fait de l'Assistance Publique... Prenant soin de préciser (sinon son propre dispositif imaginaire s'effondrerait) que «le thème de la «mère coupable» semble être, chez Genet, d'origine récente»... Et pour cause ! Toujours cette extrême violence projective de Sartre dans ses biographies.

en fait dans une faillite inaugurale dont on ne s'est jamais complètement remis. Il n'y a de vie d'écrivain que «martyrologique» puisqu'il est celui qui ne guérira jamais d'une souffrance première et fondatrice. L'archéologie de l'écriture telle que la pratique l'auteur des *Mots* implique nécessairement une originelle et indépassable négativité de la littérature. En somme, selon un modèle finalement très religieux, on chutera plus à l'écriture qu'on ne s'y consacrera.

Dès lors je m'explique mieux les relations difficiles de Sartre avec la littérature. Même s'il se définit comme un écrivain, même s'il affirme par ailleurs que si la littérature n'est pas tout elle n'est rien, néanmoins Sartre est toujours intimement tenté de *dévaloriser* la littérature en tant que telle. S'il est bien un écrivain qui au XXe siècle ne plaide pas pour la littérature et finit par n'avoir d'autre désir que de la dénoncer d'un point de vue politico-idéologique, c'est Sartre. Se conduisant toujours comme s'il y avait quelque chose de fondamentalement *impardonnable* dans le fait littéraire. Jamais il ne consentira à ce que l'écriture soit à elle-même sa propre valeur, jamais il n'acceptera que la fiction devienne à elle-même sa propre finalité. Peut-être suis-je en train de donner l'impression de progressivement m'enliser dans des généralités dont l'enjeu et les conséquences demeurent assez flous. Le symptôme d'une gêne ? Incontestablement. Alors tant pis ! Précisons brutalement au risque de profondément choquer certains des admirateurs de l'auteur de *La nausée*. Et si Sartre n'était pas un grand écrivain au sens classique du terme ? Et s'il n'y avait pas d'écriture proprement sartrienne ? Et s'il n'avait pas de style (car le styliste, c'est l'autre, son tout autre... Louis-Ferdinand Céline) ? Et si son infinie capacité à toucher tous les domaines intellectuels et à aborder presque tous les genres littéraires était aussi le signe d'une sorte d'«impuissance» existentielle au sens où il ne sera jamais parvenu à se rassembler et à se ressembler, à se recueillir en une forme qui fonderait son identité d'écrivain – et de sujet ? Prenez la peine de relire les sommaires des nombreux numéros spéciaux qui lui furent consacrés au lendemain de sa mort. Si on lui reconnaît alors toutes les qualités intellectuelles, morales, sociales et politiques, ce n'est jamais son travail d'écriture en tant que tel qui est mis au premier plan. Et en ce qui me concerne je ne cesse d'être frappé, sidéré même par l'évidente disproportion entre son aura d'«écrivain» figurant déjà dans la Bibliothèque de la Pléiade et ses performances proprement textuelles (sauf dans les «biographies», justement [5]). Plus qu'un écrivain au premier degré, Sartre est celui qui veut me prouver tout ce qu'a d'inacceptable la littérature. Cette impression souvent ressentie et partagée par d'autres (en privé car ça ne s'avoue pas facilement en public, *pour l'instant encore*) que Sartre, plus qu'un grand écrivain, est un «individu» fabuleusement passionnant et enthousiasmant qui n'a jamais cessé d'écrire [6], elle me semble programmée par le travail sartrien lui-même. Car Sartre n'aura jamais accepté que la littérature soit proprement elle-même, pas vraiment recommandable, juste tolérable si elle est détournée à d'autres fins qu'elle-même. Ce caractère extrêmement paradoxal de la carrière de Sartre : il se sera imposé par l'écriture, par une œuvre littéraire alors même que jusqu'à un certain point il n'a jamais écrit que pour montrer tout ce qu'avait d'insupportable l'écriture.

Mais quel est donc l'événement décisif qui provoque ce bannissement, cette expulsion, ce délaissement ? Dans le cas de Genet, c'est le vol, le fait d'être vu et pris la main dans le sac, à l'âge de dix ans, en train de voler, c'est le fait même d'être traité de voleur par autrui. Pour Baudelaire, c'est essentiellement le remariage de sa mère en 1828. Le petit Charles a à la date sept ans. Mais alors Sartre prend soin, avec l'aide d'une confidence de Baudelaire dont il exploite – au mieux de ses propres intérêts – l'imprécision chronologique, de faire commencer les malheurs du poète vers sa dixième année. Pourquoi cette petite manipulation, ce léger glissement ? Evidemment pour déplacer la chronologie baudelairienne vers sa propre vie. Car la même coupure intervint dans sa propre vie : en 1916 (et je rappelle que Sar-

5. Qui m'apparaissent comme les textes les plus écrits de Sartre à proportion même qu'elles diffèrent indéfiniment l'analyse de l'écriture des auteurs auxquels elles se consacrent. Comme si Sartre ne pouvait écrire qu'aussi longtemps qu'il n'aborde pas la question de leur style.

6. Faut-il prendre la peine de souligner que de semblables considérations ne constituent nullement une insidieuse tentative de dévaloriser l'œuvre sartrienne en l'amputant de tout son potentiel littéraire ? S'efforçant au contraire de rendre Sartre à lui-même en n'en faisant pas ce que fondamentalement il ne s'est jamais voulu.

tre est né en 1905, il va alors sur ses onze ans) sa mère se remarie avec un ingénieur de la marine, M. Mancy. On ne saurait trop insister sur cette coupure qui va se révéler décisive, sur cette impossible rupture qui ne mériterait pas tant d'attention s'il ne se trouvait que justement ce même événement intervient tout à la fois dans les biographies et dans l'autobiographie, de façon aussi déterminante dans l'un et l'autre cas, mais pas au même moment textuel, pas situé à la même place. On pourrait dire que les biographies sartriennes qui ne consacrent que quelques pages à la petite enfance proprement dite pour parvenir le plus rapidement possible à l'événement traumatisant de la coupure commencent précisément là où finit l'autobiographie des *Mots* qui n'aura jamais de suite, autobiographie «tronquée», comme s'il n'y avait d'autobiographie possible que de la petite enfance. Avant cette date fatidique de 1916 (en se situant au niveau de l'écriture en tant que telle et non des futures confessions orales) mon autobiographie; après cette date, après le moment de la rupture, la biographie des autres. Or *Les mots* représente avant tout un adieu à la littérature, Sartre nous expliquant que si ce livre est particulièrement écrit, c'est bien parce qu'il convient selon lui de soigner stylistiquement, de surécrire même son abandon du littéraire en tant que tel :

> Le sens du style dans *Les Mots*, c'est que ce livre est un adieu à la littérature : un objet qui se conteste soi-même doit être écrit le mieux possible.
>
> («Sur *L'idiot de la famille*», *Situations, X*)

Du style pour mieux effectuer le travail du deuil du style. Si l'on prend donc la liberté de superposer le projet du livre et sa chronologie, le «fini» de son écriture et les dates de l'autobiographie, force est de conclure que d'une certaine façon la littérature est morte pour Sartre du jour où sa mère s'est remariée, qu'elle est toujours déjà morte, dépassée, anachronique depuis cet irrémédiable événement. On ne manquera pas de me faire immédiatement remarquer que très évidemment toute son œuvre d'écrivain est postérieure à cette date, qu'à onze ans il n'avait encore rien produit. Jean-Paul Sartre écrira, mais justement en se méfiant et en se défiant plus de la littérature qu'en la pratiquant directement, immédiatement. Il construira une œuvre littéraire, mais en bonne partie pour éviter la littérature, pour dévaloriser l'écriture. Comment ne pas demeurer fasciné par cette situation paradoxale des *Mots* ? Se donnant explicitement comme un adieu définitif à la littérature, le livre le plus écrit de tout le corpus de Sartre (et délibérément, magnifiquement le plus littéraire) est celui qui raconte sa vie avant que sa mère se remarie. Il n'y aurait de littérature que maternée ou même incestueuse, *Les mots* racontant clairement que c'est pendant toute cette période où le petit Jean-Paul vit en parfaite osmose avec sa mère qu'il s'éprouve, s'imagine, s'écrit comme sujet romanesque, à la fois héros et auteur de romans. L'enfance sartrienne, c'est par excellence l'âge du romanesque et du babil. C'est l'époque où le fascinent les grands cycles romanesques du XIXe siècle qu'il essaie de poursuivre. Et souvenez-vous de ce merveilleux passage des *Mots* où il nous narre qu'il a pour un temps renoncé à écrire (jusqu'à l'âge adulte) parce qu'il s'est aperçu que le réel et son propre imaginaire diégétique et romanesque ne coïncidaient pas, que ses élucubrations fictionnelles n'étaient pas conformes à la réalité des faits :

> J'oubliai conjointement la guerre et mon mandat. Lorsqu'on me demandait : «Qu'est-ce que tu feras lorsque tu seras plus grand ?» je répondais aimablement, modestement que j'écrirais, mais j'avais abandonné mes rêves de gloire et les exercices spirituels. Grâce à cela, peut-être, les années quatorze furent les plus heureuses de mon enfance. Ma mère et moi nous avions le même âge et nous ne nous quittions pas. Elle m'appelait son chevalier servant, son petit homme ; je lui disais tout. Plus que tout : rentrée, l'écriture se fit babil et ressortit par ma bouche : je décrivais ce que je voyais, ce qu'Anne-Marie voyait aussi bien que moi, les maisons, les arbres, les gens ; je me donnais des sentiments pour le plaisir de lui en faire part, je devins un transformateur d'énergie : le monde usait de moi pour se faire parole. Cela commençait par un bavardage anonyme dans ma tête : quelqu'un disait : «Je marche, je m'assieds, je bois un verre d'eau, je mange une praline». Je répétais à voix haute ce commentaire perpétuel : «Je marche, maman, je bois un verre d'eau, je m'assieds». Je crus avoir deux voix dont l'une — qui m'appartenait à peine et ne dépendait pas de ma volonté — dictait à l'autre ses propos ; je décidai que j'étais double. Ces troubles légers persistèrent jusqu'à l'été : ils m'épuisaient, je m'en agaçais et je finis par prendre peur. «Ça parle dans ma tête», dis-je à ma mère qui, par chance, ne s'inquiéta pas.

Rentrée, barrée, intériorisée, c'est-à-dire privée de toute extériorisation effective dans une réalisation concrète, l'écriture se transforme en babil, conversation avec la mère. Une voix qui parle dans sa tête, qui (se) répète tout à sa mère. Ça ne bavarde intérieurement que pour autant qu'il désire encore et toujours s'adresser à la mère, ça discourt d'autant plus qu'il a momentanément renoncé à un romanesque qui était donc bien une façon de lui parler, de s'adresser à elle. Devenu stéréophonique, toujours habité et doublé par une seconde voix qui est intimement la sienne et qui n'est pas la sienne quand même, le petit Sartre est à proprement parler *la voix de sa mère*. Se parler, se raconter, c'est lui parler, lui raconter. Et il est des jours où me tente une simplification sans aucun doute abrupte et abusive, mais qui me semble cependant très éclairante. Aux XIXe et XXe siècles, depuis que la famille devenue nucléaire impose à tout un chacun les éprouvantes contraintes de sa triangulation, il n'est peut-être que deux façons possibles de pratiquer la littérature : ou *se faire parler par la mère* ou *parler contre elle*. Ou le sujet une fois pour toutes ne sera plus jamais que l'émetteur de sa mère pour autant qu'en dernière instance c'est encore et toujours à elle qu'il désire prioritairement s'adresser (c'est sans nul doute la position proustienne) ou au contraire il décidera de casser, de briser la langue, la gangue maternelles pour tenter de se réapproprier (par) l'écriture (telle est l'entreprise de Joyce). Ou la mère parle à travers vous ou vous parlez contre elle. Alors qu'arrivera-t-il à un sujet qui ne peut plus être parlé par elle mais qui quand même ne veut pas parler contre elle, la «déparler» ? Il «ratera» nécessairement la littérature, il fera de ce «ratage» même son corpus d'écrivain. Telle pourrait bien être la plus insurmontable aporie de la situation existentiellement littéraire de Jean-Paul Sartre contraint de pratiquer ce qui est imaginairement devenu irréalisable pour lui.

Fin de l'époque de la parfaite fusion avec la mère et bientôt début de la littérature avec tout ce qu'elle comportera désormais d'impossible. A la place du regard maternel qui justifiait pleinement le sujet tel qu'il est (physiquement aussi), le regard des autres. Maintenant que sa mère ne lui réserve plus l'exclusivité de son regard, il ne lui restera plus qu'à faire de l'écriture un moyen substitutif de se faire voir par autrui tel qu'elle le voyait autrefois... De toute évidence l'autobiographisme sartrien des dix dernières années (d'autant plus qu'il est oral) est une façon de tenter de retrouver l'innocente transparence des dix premières années de l'enfance. Cette logorrhée autobiographique qui caractérise la vieillesse de Sartre n'est nullement un accident, une faiblesse, un signe de sénilité de son œuvre, mais au contraire un moyen efficace de la boucler en revenant aux sources, en la réoriginant dans cette époque perdue où le petit Jean-Paul répétait tout à maman. D'autant qu'avant d'en venir à raconter aussi directement et aussi répétitivement sa propre vie, Sartre s'est montré de plus en plus vivement préoccupé par la vie des autres. Dès 1943, dans *L'être et le néant*, il annonce, pour mieux fonder une nouvelle psychanalyse qui n'a pas encore trouvé son Freud, une vie de Flaubert et une vie de Dostoïevsky. En 1946 paraît son *Baudelaire* qu'il a entrepris en 1944. En 1948 Sartre commence un *Mallarmé* dont environ quatre-cents pages seront écrites, mais malheureusement il en perdra le manuscrit. En 1949 il met en chantier son *Saint Genet comédien et martyr* qui sera publié en 1952. Parallèlement il débute son *Tintoret*. En 1956, il entame son *Flaubert* tout en poursuivant le travail consacré au Tintoret. En 1963, il termine et publie *Les mots*. Ainsi plus son œuvre avance, plus Sartre privilégie l'approche biographique [7] dont l'enjeu proprement personnel est à juste titre souligné par Michel Contat et Michel Rybalka interviewant l'écrivain, mais finalement répondant à sa place :

> Est-ce parce que cette totalisation est possible pour le XIXe siècle et qu'elle ne l'est pas pour notre époque que vous n'avez pas entrepris sur vous-même le travail d'élucidation que vous opérez sur Flaubert ?
>
> («Sur *L'Idiot de la Famille*», *Situations, X*)

La vie des autres en lieu et place d'une impossible exposition de son propre vécu. C'est sûr, comme le symptomatise

---

7. Ce que je ne suis évidemment pas le premier à remarquer, Josette Pacaly ayant déjà (dans *Sartre au miroir*) parfaitement mis en lumière cette progressive prépondérance du biographique. Il reste cependant, ce que son livre, aussi éclairant soit-il, ne fait pas, à relire *rétrospectivement* l'ensemble du corpus sartrien à partir de son aboutissement biographique. Car toute son œuvre ne cesse de remonter vers son origine, trouvant même dans son progressisme politique l'occasion d'une régression imaginaire.

la studieuse continuité de son acharnement biographique, d'autant plus remarquable que ses livres, bien que de plus en plus longs, demeurent cependant inachevés, que la démarche biographique se révèle de plus en plus complexe et infinie, par là-même interminable. Le *Baudelaire* fait 245 pages, le *Saint Genet* fait plus que doubler la mise et comprend 692 pages, le *Mallarmé* comptait déjà quatre-cents pages avant d'être égaré, et le *Tintoret* abandonné en chantier était assez important pour que chacun des fragments publiés constitue à lui seul un petit essai cohérent dans son développement. *L'idiot de la famille* porte l'infini biographique à son comble : encore une chance qu'il soit inachevé oserais-je dire en tant que lecteur effrayé par la démesure du projet, les trois tomes publiés faisant déjà plus de 2800 pages. Comme si le biographique était condamné à produire lui-même sa propre inflation, comme si l'écriture d'une vie n'avait d'autre devenir qu'inflationniste. Plus j'en raconte, plus il en reste à dire. Plus j'en rajoute, plus il en manque. Prétendre rendre compte de la vie d'un créateur, c'est se prendre au piège de l'infini (et remarquons au passage que l'inachèvement est une position d'écriture très caractéristique du travail sartrien : n'est-ce pas parce que tout volume de Sartre est déjà en puissance, constitue virtuellement une tentative, une tentation biographiques qu'il demeure si souvent dans son principe même inachevable ?). Plus Sartre «avance» dans sa carrière d'écrivain, plus il se met en position de ne pas achever ce qu'il entreprend. Choisissant de ne jamais en finir avec l'interminable même. Le biographique comme solution finale de son écriture n'aura lui-même jamais de fin. Aussi inatteignable dans son désir de totalisation que cette transparence subjective dont il constitue une forme littéraire...

Anonymat

Sartre en gloire comme le Christ sur les tympans de nos églises romanes, magnifiquement auréolé par son renom. Sartre en tous lieux reconnu et réputé, de son vivant même entrant triomphalement dans les *Vies des Hommes Illustres*. Rien de moins inattendu en fait qu'une telle célébrité qui, jusqu'à l'apothéose des funérailles, rendra chaque jour plus connu celui qui s'est lui-même voulu un philosophe public. Une notoriété grandissante qui constitue la consécration logique et méritée d'une œuvre de qualité, mais aussi la retombée directe, la conséquence mécaniquement inévitable de sa façon de s'exposer. A force de parler de soi... N'a-t-il pas finalement obtenu ce qu'il désirait depuis toujours ? On peut en douter à considérer les curieux rapports qu'entretient Sartre avec cette éclatante renommée dont il est après tout le principal responsable : semblant ne pas mesurer, ne pas assumer les conséquences de son comportement, ne pas se reconnaître dans ce sujet public qu'il a lui-même promu, ne pas s'identifier à celui qu'il est devenu pour les autres. Comme s'il ne réalisait pas vraiment ce que c'est que d'être Sartre. Un comble quand même ! Mais dont témoignent maintes interviews de Sartre où l'écrivain s'empresse de mettre à distance, parfois même de rejeter cette célébrité qu'on a souvent tendance à lui jeter à la figure pour voir s'il va se conformer à son image de marque ou plutôt s'assurer qu'une fois encore il va s'en démarquer. Donnant alors l'impression d'être encombré, quasiment agressé par cette gloire qui porte son nom, par cet homonyme renom. Au classique «Savez-vous que vous êtes Sartre ?» répondant toujours par un sceptique «C'est vous qui le dites». Il suffit qu'on lui parle de sa célébrité pour qu'il s'absente, cédant immédiatement la place à ce double en lequel il ne se reconnaît pas :

— *Vous-même, Sartre, vous avez souhaité être célèbre !*

— Je ne sais pas si je le souhaite encore. Je le souhaitais avant la guerre de 1939, je l'ai bien souhaité aussi après, pendant les quelques années où l'on m'a bien gâté, comme vous savez. Mais maintenant...

— *C'est bien ce que je dis : maintenant vous l'êtes...*

— Je le suis, mais je ne le sens pas : je suis là, je cause avec vous. Bon, ça paraîtra dans l'*Observateur*, mais, dans le fond, je m'en fous un peu...

— *Si vous avez souhaité être célèbre, c'est d'une certaine manière pour exister. Un de mes amis disait l'autre jour : «Le nouveau cogito, c'est : on parle de moi dans le journal, donc je suis».*

— Quelqu'un qui veut être célèbre, ce n'est pas ça qu'il veut : il veut *tout*. Il veut être gardé dans la mémoire des hommes indépendamment des follicules qui le perpétuent. Il aura des lecteurs, mais parce que les hommes gardent mémoire de lui, et non l'inverse. Jamais je n'ai pensé aux journaux ou à n'importe quel écrit sur moi comme devant m'immortaliser et me satisfaire. C'était le rôle que j'assignais à mon œuvre, avant même d'en avoir écrit la première ligne : elle devait m'immortaliser, parce qu'elle était moi. Et il n'y avait que moi à pouvoir m'occuper de moi-même. Les autres peuvent en tirer des profits mélangés. Mais pour savoir qui je suis vraiment, ce que je suis et ce que je veux, il faudrait un psychanalyste parfait qui n'existe pas.

(«Autoportrait à soixante-dix ans», *Situations, X*)

On m'a beaucoup traduit. Alors à ce moment-là j'ai pris une autre dimension par rapport à moi, mais qui m'a surpris.

Je vous dis donc que c'est là que s'est découvert le changement. Il y a homogénéité entre cette espèce de petite notoriété qu'on peut avoir dans son propre pays en publiant un livre qui est lu par des lecteurs pour qui au fond on l'a écrit, et puis alors quand la chose s'agrandit et qu'on est lu par des lecteurs pour qui on n'a pas écrit, qu'on n'envisageait pas en écrivant le livre ; et on devient alors quelque chose de tout à fait autre. Ça fait que vraiment il y a un autre qui est là dont il faut que je prenne soin tout le temps, qui est capricieux, qui a des humeurs, qui est bizarre, dont j'apprends des traits de caractère de temps en temps. Et cet être-là, il est avec moi ; je suis double en ce sens. Très souvent, le Sartre célèbre a touché à l'ambassade des Etats-Unis, ou a fait partie de l'Intelligence Service. Ce sont les petites gentillesses des communistes, ça. Ou bien alors, au contraire, il a été communiste et a fréquenté Staline et Khrouchtchev. Ça, se sont les gentillesses de l'autre côté. Bref, je ne peux pas m'y reconnaître.

(*Sartre*)

En somme la renommée qui devrait le faire connaître tel qu'il est en vient au contraire à le doubler et à le trahir, constituant l'opaque supplément de son désir de transparence. Or Sartre n'a sans aucun doute d'autre projet que de complètement disparaître en l'illumination même de sa notoriété, rendu invisible par l'éblouissant éclat des projecteurs de l'actualité. Car tel est bien son paradoxe : ne cherchant à se mettre au premier plan que pour mieux s'effacer, s'obstinant à s'afficher pour montrer qu'il est comme les autres, s'exposant pour se fondre et se confondre. De telle sorte qu'il n'érige sa célébrité qu'afin de prouver qu'il ne dépasse pas le niveau moyen du commun des mortels. Une stratégie de l'effacement pour le moins hasardeuse à considérer ses efforts pour faire résulter l'anonymat d'une indécente exhibition de soi-même, mais qui cependant s'explique parfaitement si l'on n'oublie pas qu'à l'horizon du désir sartrien d'être appréhendé dans sa réalité et sa vérité dénudées insiste fortement la nostalgique envie de retrouver la fusion (perdue) avec la mère. On concevra alors sans peine que cette excessive monstration de soi-même est aussi une recherche de l'anonymat pour autant que tout retour vers la mère se traduit fondamentalement par un désir d'indifférenciation. Contraint de ne construire sa dominatrice altérité que pour signifier qu'il ressemble finalement à n'importe qui. Qu'il est le même et nullement un tout autre. Commenceront alors à se répondre dans leur commun désir d'anonymat l'exergue de *La nausée* emprunté à Céline et la conclusion des *Mots* :

> «C'est un garçon sans importance collective, c'est tout juste un individu».
>
> L.-F. Céline, *L'Eglise*

> Ce que j'aime en ma folie, c'est qu'elle m'a protégé, du premier jour, contre les séductions de l'«élite» : jamais je ne me suis cru l'heureux propriétaire d'un «talent» : ma seule affaire était de me sauver – rien dans les poches – par le travail et la foi. Du coup ma pure option ne m'élevait au-dessus de personne : sans équipement, sans outillage je me suis mis tout entier à l'œuvre pour me sauver tout entier. Si je range l'impossible Salut au magasin des accessoires, que reste-t-il ? Tout un homme, fait de tous les hommes et qui les vaut tous et que vaut n'importe qui.

Car le philosophe public n'aura autant voulu être au vu et au su de tout le monde que pour mieux s'indéterminer dans l'espace fusionnel de la grande communauté humaine... Espérant toujours trouver dans l'accueil de la collectivité qui le fondrait en sa masse le seul substitut tolérable du regard infiniment bienveillant de la mère... Tellement public qu'il en redeviendrait anonyme... Tellement regardé qu'il n'arrêterait plus le regard... Comme les autres...

Chapitre II

Le philosophe louche

L'image de l'éphèbe touchait à l'un de nos sujets d'entretien ; comment s'arranger de sa propre laideur ? Sartre parlait volontiers de sa laideur (et moi de la mienne).

Raymond Aron,
Mémoires

Je ne sais par exemple quelle envie baroque vous a prise de me demander ma photo d'enfant. Expliquez-moi donc ce qui vous a passé par la tête. C'était difficile à trouver. Jusqu'à cinq ans j'étais un ravissant bébé avec cette tête un peu conventionnelle qui plaît aux mamans médiocres. Aussi on s'arrachait mes photos. A partir de 5 ans, mes cheveux coupés ont entraîné avec eux cette splendeur éphémère, je suis devenu laid comme un crapaud, beaucoup plus laid encore qu'à présent. Aussi personne n'a plus voulu me photographier. On craignait que je ne fisse se voiler la plaque sensible, comme ces spectacles affreux qui font faire de fausses couches aux femmes enceintes. Aussi pour ces 2 raisons opposées, il m'était très difficile de retrouver de mes photos. Ma mère en a bien quelques-unes mais elle les a défendues avec la dernière énergie. Elle s'est accotée à son secrétaire avec cet air tragique que prend l'infirmière française lorsque les Allemands veulent entrer dans la cave où sont les blessés français. J'ai dû m'éloigner. Ma grand-mère s'est montrée moins rebelle mais trop curieuse de ce que je voulais en faire. Finalement j'ai forcé un tiroir, j'ai trouvé cette trop rebelle photo qui fait prévoir un Byron (homme odieux) mais certainement pas votre serviteur. Heureusement j'y ai trouvé aussi cette horreur, ce petit cliché de moi faisant le singe, plus laid que nature. Je vous l'envoie, vous ferez la moyenne.

Jean-Paul Sartre,
Lettres au Castor

Venise invisible

S'il est bien une ville qui a particulièrement séduit et attiré Jean-Paul Sartre pendant toute sa vie, c'est incontestablement Venise où il est revenu d'autant plus souvent qu'il désirait voir et revoir à satiété, à l'*Accademia*, à la *Scuola di san Rocco*, à la *Madonna dell'Orto* et à *San Giorgio Maggiore*, les grandes compositions du Tintoret, auquel il voulait consacrer, *in extenso*, un livre qui ne sera jamais achevé. Ouvrage nettement plus inachevé encore que la *Critique de la raison dialectique* (à laquelle il manquait toute la seconde partie) ou que *L'Idiot de la famille* (amputé du dernier volume qui devait proposer une lecture de *Madame Bovary*), puisqu'il ne nous est parvenu qu'en pièces détachées : fragments plus ou moins longs dont la parution discontinue et éparpillée accentue l'impression de dispersion, d'irréalisable (et d'insupportable ?) ajointement des morceaux [1]. Un impossible accomplissement du *Tintoret* d'autant plus significatif que chacune des parties publiées jusqu'à présent est soigneusement achevée, bien finie, qui plus est écrite : presque «trop» écrite et fignolée en un style tendu et crispé même dans ses familiarités faussement désinvoltes, «excessivement» calculée si nous les comparons au tout-venant de la production sartrienne souvent bâclée (car un certain sabotage de l'écriture – par essence narcissique dans sa visée d'elle-même, et donc répréhensible, condamnable – est constitutif de la littérarité, plus exactement de l'antilittérarité sartrienne qui gâche consciemment le métier). C'est dire que si l'écrivain n'a jamais fait de tous ces *membra disjecta*, qui sont tout le contraire de simples ébauches rapidement esquissées, un volume suivi et complet, ce n'est pas faute de les avoir longuement travaillés et concertés. Il s'y est complètement investi, il a mis le paquet. Au point d'en arriver à un fort paradoxal renverse-

---

1. De ce livre nous connaissons actuellement quatre pans :
– «Le séquestré de Venise», d'abord paru en juin 1954 dans *Les Temps modernes*, n° 103, ensuite repris dans *Situations, IV*, 1964.
– «Saint Georges et le dragon», d'abord paru dans *l'Arc* en 1966, ensuite repris dans *Situations, IX*, 1972.
– «Saint Marc et son double», paru dans *Obliques, Sartre et les arts*, n° 24-25, 1981.
– «Les produits finis du Tintoret», paru dans *Le magazine littéraire*, septembre 1981, n° 176.

ment des valeurs couramment admises : la «perfection» des fragments (si tardivement consentis au lecteur, bien des années après leur conception) devenant elle-même problématique, symptomatisant plus une indépassable aporie que signifiant une quelconque réussite littéraire. Tout se passe comme si Sartre, sur le point de mener à terme son étude, n'avait décidément pas pu recoller les morceaux du miroir critique, n'avait finalement pas su – ou plutôt pas voulu – se faire une image exhaustive du Tintoret et nous la livrer, une et complète, au sens où nous disons d'une monographie qu'elle nous donne une bonne image ou une nouvelle vision de tel ou tel créateur. Comme si Sartre, craignant de commettre une mauvaise action dommageable pour ses lecteurs et surtout pour lui-même, s'était refusé en dernière instance à nous faire voir par son écriture, à nous aider à découvrir une œuvre purement picturale et donc essentiellement visuelle, avait préféré se dérober et sacrifier son travail (si avancé) plutôt que de dévoiler et divulguer des images, les mettre en circulation et les promouvoir. Réticence de Sartre face aux images : il aura, tout bien considéré, pris la responsabilité de les taire, de les retenir le plus longtemps possible, plus perversement et plus efficacement encore d'en briser la publication, très exactement comme on casse un miroir. Emiettement de la réflexion critique telle qu'elle aurait pu réfléchir la peinture du Tintoret. Eparpillement de l'image qui n'en est plus une.

Travaillant son essai sur le Tintoret, Sartre se rend à Venise pour compléter son information et affiner sa contemplation esthétique. Qu'il y retourne ainsi pour analyser des tableaux, rien d'étonnant après tout : innombrables sont les écrivains occidentaux qui se sont reconnus et intellectuellement réconfortés dans le fastueux miroir culturel de la peinture vénitienne. Ce qui est par contre véritablement surprenant et déroutant, c'est que pendant la dernière période de son existence si compromise et obscurcie par ses problèmes de santé, il s'acharne à y séjourner aussi fréquemment alors qu'il est devenu presque aveugle, et toujours avec le même plaisir en dépit de tous les désagréments et privations provoqués par sa quasi cécité. Reportez-vous une fois de plus à *La cérémonie des adieux* où Simone de Beauvoir absolument impitoyable (qui n'en aura donc jamais fini de se venger de son cher Sartre, le racontant fidèlement pour l'enfoncer d'autant plus efficacement qu'elle répond simultanément à son désir d'être exposé, témoignant «objectivement» qu'à la fin de sa vie il n'était plus du tout lui-même pour tenter de reconquérir ce dont il l'aura toujours dépossédée, être le sujet de son écriture. Détailler sa décadence pour échapper à cette prestigieuse sujétion qui fut tout à la fois sa gloire et sa négation) dresse l'affreuse liste des multiples déboires supportés à Venise par son compagnon qui y voit de moins en moins : se levant la nuit, s'habillant de trop bon matin puis se recouchant parce qu'il n'a pas su lire l'heure sur sa montre, se rendant à l'opéra sans rien distinguer de la scène, finissant par passer la plus grande partie de son temps enfermé dans sa chambre à écouter de la musique sur son transistor. Bien sûr chaque nouveau séjour ravive très normalement chez Sartre ses regrets pour sa vue de plus en plus défaillante, mais simultanément ne plus rien y voir, ou quasiment rien, ne l'empêche nullement d'y retourner régulièrement : en toute connaissance de cause, il va *ne pas voir Venise*. Ne plus en jouir visuellement n'amoindrit pas sensiblement le plaisir qu'il éprouve à s'y retrouver, quand bien même ne sortirait-il plus jamais de son hôtel. Finalement, à Venise, il lui suffit amplement d'y *être* (en tous les sens, banalement séjourner, mais aussi et surtout être – sans restriction, sans incomplétude – au sens métaphysique du terme). Pourquoi mettre en doute le plaisir de Sartre, même si Simone de Beauvoir, sans oser l'avouer clairement, s'en étonne en concluant à chaque fois le relevé de ses ennuis par la constatation (poliment et «hypocritement» euphorique) de son injustifiable satisfaction : il a encore moins vu que la fois précédente, mais il est toujours aussi enchanté. Vivement le prochain voyage ! Elle doit intérieurement se demander quel plaisir on peut bien ressentir à Venise si on est privé de sa contemplation. Que reste-t-il donc de cette ville pour le voyageur physiquement incapable de pleinement profiter de ses superbes féeries architecturales et chromatiques ?

Car Venise est par définition la ville des *images*. Comment ne pas être immédiatement sensible au splendide exhibitionnisme théâtral de ses palais et de ses églises qui semblent n'avoir été construits que pour être contemplés et admirés !

Ne se contentant pas de leur beauté intrinsèque, tous ces bâtiments sont en outre reflétés dans l'eau. Incessant redoublement qui fait que «Venise et l'image de Venise sont toujours données simultanément, inséparablement» comme le remarque Michel Tournier dans *Les Météores* : l'omniprésence de l'eau multiplie les miroirs qui conjoignent à tout objet son double spéculaire. Et le romancier de noter que le touriste, plus photographe encore dans cette ville que partout ailleurs, «les images lui étant données ici à chaque pas [...] fait des copies à tour de bras». Quand Emmanuel Roblès consacre à Venise un roman dont l'iconophile Tournier ne manque pas de faire l'éloge, le héros de *Venise en hiver* n'est évidemment autre qu'un photographe en train de réaliser un album de vues enneigées et inattendues de la cité des Doges. Comme si Venise ne pouvait inlassablement susciter qu'une seule activité, ranimer qu'un unique désir, toujours identiques : la redoubler, la représenter, l'imiter. Venise excite, exacerbe Mimesis. Sans parler de la peinture vénitienne elle-même qui vient en quelque sorte refléter au second degré l'infinie spécularité de la cité, par excellence la patrie des «védutistes» tels qu'Antonio Canaletto, Michele Marieschi, Francesco Guardi pendant le Settecento. On appelle *vedute* au XVIIIe siècle un nouveau genre de paysages (naturels ou urbains) qui supposent que les peintres discernent, déjà présents dans la réalité elle-même, des éléments de mise en scène : ils font du paysage une *vue*, ce qui signifie que le tableau a pour fonction de manifester, de révéler (au sens photographique) l'image composée qui existe déjà de façon immanente, qui insiste virtuellement dans le paysage, qui ne demande qu'à se déposer, se réaliser sur la toile. Que Venise constitue le territoire privilégié des védutistes implique que la ville, plus qu'elle ne se visite, se feuillette telle une collection de représensations en attente de leur exécution effective par le peintre, une réserve d'images prêtes à être cadrées et encadrées. Autant reconnaître qu'aucune autre cité au monde ne bénéficie, dans l'imaginaire culturel occidental, d'une telle densité, d'une telle saturation iconographiques.

Alors pourquoi séjourner en aveugle dans cet espace urbain qui n'a de cesse qu'il n'ait fait de vous son voyeur extasié ? Et si justement Sartre, tout en reconnaissant regretter de ne plus pouvoir consommer visuellement la splendide cité des

Doges, jouissait aussi quelque part en lui-même de ne plus la voir ? Sans doute la privation est-elle terriblement douloureuse (quant à moi je ne m'imagine pas un seul instant me dire, abstraitement en quelque sorte, sans confirmation visuelle, que je suis à Venise, en ayant conscience qu'il me sera impossible de la contempler), mais il faut croire que cette invisibilité même lui ménage certains bénéfices fantasmatiques puisqu'il s'expose régulièrement, presque annuellement, à cette éprouvante frustration, puisque séjourner dans Venise l'invisible ne le déçoit nullement, au contraire. Il ne voit plus la ville, ou si peu, confuse et vague ; il ne ressent même plus le besoin de sortir de sa chambre. Il se contente d'y être, de savoir qu'il y est. Peut-être même que Jean-Paul Sartre n'aura jamais autant *été* à Venise que depuis qu'il ne l'aperçoit plus, ou si légèrement, embrumée et indistincte. En somme il habite au cœur de l'archi-image sans être obligé de voir ses multiples figurations, ses innombrables variations. Situation «privilégiée» dont je suppose que Sartre a pu la vivre comme un vrai bonheur, celui-là même que nous éprouvons quand la salle de cinéma redevient obscure à la fin d'un film dont l'intense qualité des images nous a tout à la fois comblés et entamés, réjouis et blessés : ce doux plaisir du repos des yeux quand nous venons d'être saturés d'images lumineuses.

Simone de Beauvoir (mais quel nom étonnant, et comme indécent, en la circonstance ! Et peut-être depuis fort longtemps puisque Sartre l'a très tôt appelée le Castor : Beauvoir/*beaver*. Sans aucun doute un surnom amical, mais aussi un moyen d'effacer la véritable provocation optique que devait constituer à ses yeux un tel patronyme) a d'autant plus tort de s'étonner de la satisfaction de son compagnon qu'en bonne lectrice des écrits sartriens (en particulier de «Venise, de ma fenêtre», *Situations, IV*), elle aurait dû se rappeler qu'il est extrêmement risqué de voir Venise : spectacle épouvantablement dangereux que ses reflets, ses mirages, ses illusions optiques qui nous font jouer avec notre propre identité. Voir Venise revient le plus souvent à s'abandonner suicidairement à sa perte dans l'image d'autant plus fascinante qu'instable. Et si dans ces conditons Venise était devenue pour Jean-Paul Sartre d'autant plus tolérable et même désirable qu'invisible, d'autant plus habitable que noire ? Portrait de l'écrivain en aveugle à Venise : il résidera au plus près de l'*Image* dans ses manifestations les plus spectaculaires, à l'intérieur même de l'*Image* (là où elle est indéfiniment produite et redoublée) sans pour autant la percevoir. Il la saura constamment présente (pour les autres), il la frôlera sans qu'elle le touche et l'affecte. Elle l'effleure mais ne le mobilise pas. A se représenter Venise la spéculaire comme un grand œil, comme l'*Oculus* de l'imaginaire de l'image, disons qu'il occupe alors la place de la tache aveugle.

Enfin délivré de l'image... en ces lieux mêmes où elle exhibe indécemment ses prestiges et perpétue son pouvoir. Une retraite optique bien méritée après la dure traversée de Flaubert qui avait nécessairement exposé Sartre aux éprouvantes visions de l'auteur de *Madame Bovary*, à ses délires visuels. Si Sartre s'est à ce point passionné pour Gustave Flaubert qu'il ne consentit jamais à sacrifier à ses activités politiques en dépit des demandes pressantes des camarades militants (le poussant à délaisser cet écrivain bourgeois, anti-communard qui plus est), c'est sans aucun doute parce qu'il avait reconnu en lui un co-détenu de la geôle optique : Flaubert intimement menacé par l'image, s'acharnant d'un bout à l'autre de son œuvre à réduire, régler, stabiliser le régime douloureusement instable, l'incontrôlable surgissement des images [2]. Une même martyrologie de l'image sensibilise, affecte le romanesque flaubertien et la réflexion sartrienne qui travaillent dans le même sens pour atteindre un objectif commun. Chez l'un et chez l'autre, d'incessants efforts pour régler la question de l'image, une même perspective *phénoménologique*. Après la rédaction des trois premiers volumes de *L'Idiot de la famille*, Flaubert, il l'a

2. Philippe Bonnefis nous en fait l'éblouissante démonstration, prouvant qu'«une phénoménologie de la perception sera l'un des débouchés philosophiques de l'œuvre» flaubertienne. «Sans cesse reprise, *La tentation de Saint Antoine* dure ce que dure cette œuvre, objectivant une fatalité de l'image qui poursuit l'écriture de Flaubert tout au long de sa carrière. Histoire d'un homme en proie à des *visions*, *La tentation de Saint Antoine* est régulièrement interrompu par des tentatives romanesques qui sont autant d'efforts pour régler la question de l'image flottante : *naturalité* de l'image (qu'elle soit une nature) — et c'est *Madame Bovary* ; *culturalité* de l'image (qu'elle ait le poids des livres) — et c'est *Salammbô* ; Flaubert allant, avec *Bouvard et Pécuchet*, jusqu'à prendre, pour sujet de son roman, cette sorte de dispersion, d'atomisation de l'être dont l'image est responsable, dispersant la dispersion elle-même !» («Exposition d'un perroquet», *Revue des Sciences Humaines*, 1981, n° 181).

assez vu, et je vous demande de prendre cette expression au pied de la lettre. Simone de Beauvoir elle-même se doutant, dans *La cérémonie des adieux*, qu'il a «décidé» de s'aveugler à Flaubert :

> Je me suis même demandé, sous l'influence des livres de Groddeck, s'il n'avait pas, plus ou moins consciemment, choisi son état. Le dernier tome du Flaubert, il ne *voulait* pas vraiment l'écrire ; mais, n'ayant pour l'instant aucun autre projet, il ne consentait pas non plus à y renoncer. Que faire ? Moi, je suis capable de me mettre en vacances sans que la vie perde tout sens ; Sartre, non. Il aimait vivre et même ardemment, mais à condition de pouvoir travailler : on l'a vu, au cours de ce récit, le travail était pour lui une hantise. Devant son incapacité à mener à bien celui qu'il avait entrepris, il a littéralement forcé sur les excitants, il a tellement multiplié ses activités et outrepassé ses forces qu'il a rendu une crise inévitable. Une des conséquences qu'il ne prévoyait pas et qui lui a fait horreur, ç'a été sa quasi-cécité. Mais il avait souhaité s'accorder un repos et la maladie était pour lui la seule issue.

En somme plutôt ne plus jamais rien voir que devoir encore visionner ce spectacle insoutenable, Flaubert aux prises avec l'image. Nullement accidentelle même s'il est vrai qu'aucun sujet ne possède une complète maîtrise de son destin physiologique, la cécité de Sartre fait partie de son corpus, plus précisément conclut et parachève sa phénoménologie de l'image. Car prendre le risque de devenir aveugle pour ne plus affronter l'image, c'est de la part d'un philosophe d'inspiration phénoménologique faire hara-kiri de son propre vivant intellectuel, c'est une sorte de suicide épistémologique puisque de fait aucune pensée ne suppose plus la vue que la philosophie sartrienne si perversement scopique dès qu'elle aborde l'essentiel, la relation à autrui. Comment imaginer un seul instant que *L'être et le néant* aurait pu être écrit par un aveugle ?

Ne plus voir pour ne plus penser, car depuis toujours Sartre sait bien qu'il réfléchit avec les yeux, comme il le reconnaît «en privé» dès *Les carnets de la drôle de guerre (Novembre 1939 – Mars 1940)* :

> *Mardi 14 Novembre*
> [...] Je m'arrête pour aujourd'hui, je n'arrive plus rien à penser parce que j'ai mal aux yeux. Je n'ai jamais si bien senti que je *pense*

avec les yeux. Aujourd'hui j'ai un horizon rétréci, une impossibilité de fixer mes pensées, parce qu'il m'est impossible de fixer un objet, l'impression que j'ai deux murs sombres à ma droite et à ma gauche et entre ces murs un papillotement de kaléidoscope. L'impression que mes pensées ne m'offrent que leur surface et glissent et s'enfoncent avant que j'ai pu les saisir. En belle humeur pourtant.

Jeudi 16

Je n'ai pas écrit hier dans ce carnet parce que mes yeux me font trop mal. Heureusement, parce que je vois plus clairement ce que j'ai à dire sur moi [...].

Vendredi 17

Mes yeux me font toujours mal. Je me laisse aller un peu à l'inquiétude et à la nervosité parce que ce malaise est sans justification. Il ne s'agit plus de se guinder dans une attitude vis-à-vis d'un bouleversement social mais de supporter sans inquiétude un petit mal quotidien. C'est plus difficile. Et puis, faute d'oser *durcir* mes yeux, mes pensées gardent un certain flou, elles manquent de netteté. Cette netteté qui me serait nécessaire précisément pour penser mon mal rudement et clairement, comme je le ferais d'une douleur à la main ou au foie. J'ai l'impression que mon champ visuel est rétréci par d'inquiétants rideaux de fer. J'ai tout de même travaillé à mon propre roman. Bien, je crois. J'écris les brouillons, les yeux fermés [...]. Ce mal d'yeux d'ailleurs est beaucoup plus supportable qu'un simple mal de tête. Ce qu'il y a, c'est l'inquiétude. Justement cette inquiétude dont je pensais qu'on est débarrassé en guerre. Et par le fait, je pense qu'on en est ordinairement débarrassé mais *à propos* des maux qui viennent de la guerre. Celui-ci s'accompagne de tous les soucis civils : crainte de perdre la vue, de ne pouvoir plus écrire, etc. Tout cela sur le mode de croyance imaginaire, naturellement. Je ne «me frappe» pas, mais je suis d'un peu moins belle humeur qu'à l'ordinaire.

«Je pense avec les yeux» : la réflexion intellectuelle définie dès *Les carnets* comme une activité essentiellement optique. Si sa vue se fatigue, ses pensées s'échappent en un papillotement kaléidoscopique, des pensées floues et sans consistance, simples surfaces, perdant leur profondeur en tous les sens du terme. Ainsi la réflexion sartrienne n'est pas phénoménologique uniquement sans ses options philosophiques (en privilégiant la perception et la description des choses elles-mêmes), mais aussi et surtout dans sa pratique quotidienne en tant que travail proprement visuel : le philosophe est celui qui ne saisit plus ses pensées quand il a mal aux yeux, qui perd sa lucidité intellectuelle dès qu'il n'ose plus

durcir les yeux. Ici la métaphysique en passe nécessairement par le cabinet de l'oculiste.

Avec au passage quelques étonnants paradoxes qui compliquent singulièrement les rapports spéculatifs du regard et de la cécité : ainsi se réjouit-il de ne pas avoir écrit la veille à cause de ses yeux qui le faisaient souffrir, parce qu'il voit plus clairement (en somme depuis que sa vue est déficiente !) ce qu'il a à dire sur lui : de l'aveuglement aux vérités de l'introspection ! Ainsi écrit-il son roman les yeux fermés, posture d'écriture fort étrange pour un phénoménologue ! C'est à se demander s'il n'y voit habituellement dans son travail de rédaction, dans son exposition romanesque que par dénégation. Ainsi encore ce «drôle de bonheur aux yeux bandés» dont il n'est pas interdit de supposer qu'il préfigure déjà sa sérénité d'aveugle :

> *Mercredi 13 mars*
> Drôle de changement dans mon humeur. Hier, vers six heures, mes yeux vacillent tout à coup, s'éteignent à moitié et j'ai un quart d'heure d'angoisse nerveuse à vide, cette angoisse que je prenais pour de la folie en 1935. Cela passe et me laisse à plat pour la soirée. Sur quoi, ce matin, je me réveille heureux, d'un drôle de bonheur aux yeux bandés, un bonheur par défaut. Moi qui étais jusqu'à hier sensible et étendu tout partout sur mon univers comme une toile d'araignée — si peu dans mon étroit présent, juste pour sentir couler le temps, me voilà ramassé, cancre, économe, avare même, par incapacité de gonfler mes soucis à l'échelle de ma vie réelle ; je ne me préoccupe plus ni de Paris, ni de mon avenir, ni de l'avenir de la collectivité à laquelle j'appartiens. En veilleuse ; cancre dans un univers raccourci ; j'ai une espèce de volonté frivole et maussade de ne pas me laisser emmerder. Atonie heureuse, plaisirs d'idiot : je fais les mots croisés de *Marianne* avec conscience, je trouve *Le Canard enchaîné* drôle. Tous les objets qui m'entourent me fascinent et me fixent, je plonge dedans. Les yeux toujours très fatigués.

Légitime inquiétude de Sartre pour sa vue : et si je ne pouvais plus écrire ? Mais simultanément (et presque contradictoirement) cette bienheureuse apathie de celui qui, parce qu'il a mal aux yeux, vit, abêti et abruti, dans un univers raccourci, à la fois physiquement et intellectuellement rétréci. Bonheur de l'insensibilité. Tant et si bien que cette cécité que Sartre évoque plus de trente ans avant d'en souffrir de façon réellement dramatique, on ne sait plus très bien si dès cette époque il la craint vraiment ou au contraire la désire jusqu'à un certain point, l'appelant déjà comme le seul soulagement véritablement efficace, l'unique remède capable d'anesthésier la douleur d'une pensée misérablement ophtalmologique dans sa saisie du monde.

Ritratti

«Venise, de ma fenêtre» (qui nous explique à quel point Venise, en tant que spectaculaire assomption de l'image et qu'illusionnisme ontologique, est piégée, éminemment dangereuse) et «Un parterre de capucines» (en l'occurrence une sinistre description des catacombes de Sainte-Marie-de-la-Conception à Rome où les moines ont imaginé des décorations et tout un mobilier religieux uniquement composés d'ossements), ces deux brefs textes fort sépulcraux (recueillis dans *Situations, IV*) sont les seuls fragments publiés d'un ouvrage abandonné au bout de 500 pages, un livre consacré à l'Italie qui devait s'intituler *La Reine Albemarle et le dernier touriste*. Selon Michel Contat et Michel Rybalka, ce dernier touriste n'était autre que le narrateur, c'est-à-dire Sartre lui-même, «le seul à échapper aux mythes du tourisme et aux pièges qui lui étaient tendus par un guide infidèle, personnage mi-historique, mi-allégorique, la Reine Albemarle». Dans *La force des choses*, Simone de Beauvoir précise que «La reine Albemarle devait être en quelque sorte *La nausée* de son âge mûr ; il y décrivait capricieusement l'Italie, à la fois dans ses structures actuelles, son histoire, ses paysages et il rêvait sur la condition de touriste». Un projet qui n'était donc nullement anecdotique ni secondaire puisqu'il s'agissait en fait d'écrire une nouvelle *Nausée*, plus adulte, plus mûrie. Qui ne se passerait plus à Bouville (autrement dit Le Havre), mais en Italie. Un changement complet de climat, mais justement que serait devenue, sous un ciel méditerranéen, chaud, sec et lumineux, cette «nausée» (ou son équivalent de l'âge mûr) que favorisent tellement l'humidité pluvieuse, le brouillard dense, l'atmosphère proprement simenonienne de Bouville ? Quel aurait été en régime méditerranéen l'embrayeur de cette nausée qui, telle que la décrit Sartre, me semble infiniment plus nordique qu'italienne ? Je me plais à imaginer, hypothèse que confirmera ou qu'infirmera la toujours possible publication posthume de ces pages «touristiques» dont j'ignore si elles sont définitivement perdues ou conservées quelque part, que si l'Italie avait été choisie, c'est qu'elle constitue par excellence le pays des images, qu'elle représente dans notre culture occidentale un véritable étalon iconographique (le cinéma ayant jusqu'à ces derniers temps pris le relais de la peinture, en particulier aux yeux des intellectuels français...). Et si toute l'Italie sartrienne était devenue en quelque sorte un immense agrandissement du musée de Bouville qui contient les portraits de «tous ceux qui firent partie de l'élite bouvilloise entre 1875 et 1910 [...] peints avec scrupule par Renaudas et Bordurin» ?

Il convient de poser comme constitutive et paradigmatique la visite du musée de Bouville par Roquentin dans la mesure où chez Sartre l'approche de la peinture (pour autant qu'on puisse parler d'approche à propos d'une démarche qui n'aura de cesse qu'elle n'ait éloigné et «refoulé» l'image) s'effectue d'abord par le biais du *portrait*. Plus précisément, en régime sartrien de l'image, le modèle même de toute représentation, le point de départ (et de ressourcement) de toute opération mimétique, seraient originellement le portrait : en tant que tout portrait de l'autre implique nécessairement, questionne le mien. Quel que soit le sujet apparent d'un tableau, dès lors qu'il travaille (sur) l'image, il m'interpelle, il me représente, mettant fatalement en jeu mon image telle que je me la fais de moi-même. A la limite il n'existerait pas de tableau qui ne soit pas mon miroir déformant : chaque image me fait grimacer ou tout au moins me rappelle que je suis peut-être plus un animal grimaçant qu'un sujet pensant. Le palimpseste de toute peinture, c'est alors moi-même tel que je me figure (être), tel que je ne cesse de construire une image de moi, à la fois perceptive et imaginaire. Tout tableau me pose la pénible question de mon *autoportrait* : une situation littéralement terrifiante puisqu'elle implique en dernière instance que toute image que je regarde m'interroge simultanément sur l'image de moi-même. Il suffit que j'ouvre les yeux pour souffrir de me voir, et peut-être est-ce cela qu'il appelle quant à lui la nausée. Dans cette perspective il m'apparaît tout particulièrement significatif que parmi les textes de Sartre sur le Tintoret qui demeurent encore à ce jour inédits, figurent justement les réflexions consacrées à son œuvre de portraitiste, ces *ritratti* constituant une part importante et décisive de sa production : selon Michel Sicard Sartre y «dégage la vérité du Tintoret face à son Temps, en le confrontant à son *autoportrait* et aux *portraits* des grands Vénitiens qu'il a réalisés». Pages retenues, différées (par Sartre ? par ses éditeurs posthumes respectant plus ou moins consciemment ses réticences ?) dont je ne serais nullement étonné qu'elles soient à l'origine de l'impossible publication du *Tintoret*. Comme si l'apparente célébration de l'image picturale (en fait sa mortification) devait prendre soin de continuer à occulter l'origine de toute image, son péché originel.

Que la question de l'image (et donc au niveau esthétique le statut de la peinture qui constitue une occurrence privilégiée, mais particulière de l'image) est directement liée à celle du visage, *L'imaginaire* en fournit déjà la preuve dans le choix des exemples utilisés qui sont pour le moins aussi significatifs que la démonstration philosophique elle-même. Car d'un bout à l'autre de cet essai la réflexion théorique sur l'image est informée par deux «figures» fondamentales de la conscience imageante, le *visage* et le *portrait*. Il semble bien que pour Sartre il n'existe pas d'images plus originelles, plus essentielles, plus analysables et plus paradigmatiques que les visages et les portraits. Passant successivement du visage de Pierre à son portrait photographique, du portrait pictural de Charles VIII aux Offices à Florence au visage de Franconnay imitant Maurice Chevalier, de la caricature aux visages dans la flamme et aux rochers à forme humaine, tout le livre, à force de répéter et de privilégier les mêmes exemples obsessionnellement déclinés, finit par faire du visage la forme primordiale de l'image. Au point que le lecteur se demandera si imaginer ne revient pas toujours plus ou moins à dévisager. Si plus généralement et plus spéculativement la pensée sartrienne n'est pas une façon très littérale d'*envisager* les choses.

Quand le narrateur de *La nausée* visite le musée de Bouville, c'est dans le but avoué d'avoir la peau de ces salauds de bourgeois par trop ostentatoires, de se les faire en déjouant leur pouvoir de fascination optique. Car s'il les déteste et les dénonce, s'il désire les diminuer et les remettre à leur place, cependant il n'en succombe pas moins aux fastes de leur apparat pictural, à leur prestige social admirablement affiché, cadré et mis en scène, en valeur par l'académisme du XIXe siècle. Il prétend aller voir des tableaux, en fait c'est faux : ce sont eux, les représentés, qui le regardent, qui le voient passer dans les salles. Inversion des regards où, du haut de leurs cimaises, les morts portraiturés dévisagent orgueilleusement et péremptoirement le visiteur intimidé, le contraignant à engager un véritable duel scopique, les yeux dans les yeux. Le narrateur voudrait tant qu'ils aillent se faire voir ailleurs, on ne saurait mieux dire ; mais à chaque fois il est bien obligé de convenir de la fascinante perfection du regard de l'autre, dominateur et sûr de lui. Le général Aubry, accroché à la cimaise, a «l'œil d'aigle des chefs». Jean Parrottin, président de la S.A.B., méduse Roquentin par son regard absolument extraordinaire : «il était comme abstrait et brillait de droit pur. Ses yeux éblouissants dévoraient toute sa face». Tel autre subjugue irrésistiblement le visiteur par son indulgente bonté : «Moi-même s'il me voyait – mais j'étais transparent à ses regards – je trouverais grâce à ses yeux». Sans parler d'Olivier Blévigne qui fait tomber sur tout spectateur son clair regard qui force l'admiration, avec ses yeux gris qui ne sourient pas : «Je renonçai à le prendre en défaut. Mais lui ne me lâcha pas. Je lus dans ses yeux un jugement calme et implacable». De magnifiques yeux gris défiant toute concurrence, car si tous ces bourgeois ont un trait en commun, c'est leur splendide perfection oculaire qui attire l'œil du visiteur – de l'écrivain qui n'aura donc jamais oublié son œil droit.

Ainsi le musée de Bouville s'offre à Roquentin telle une agressive galerie de regards confiants et impérieux qui le fascinent, le soumettent, jusqu'au moment où il décide de réagir, de se révolter une bonne fois pour toutes :

> Ses yeux, que je fixai avec ébahissement, me signifiaient mon congé. Je ne partis pas, je fus résolument indiscret. Je savais, pour avoir longtemps contemplé, à la bibliothèque de l'Escurial, un certain portrait de Philippe II, que lorsqu'on regarde en face un visage éclatant de droit, au bout d'un moment, cet éclat s'éteint, qu'un résidu cendreux demeure : c'était ce résidu qui m'intéressait.
>
> Parrottin offrait une belle résistance. Mais, tout à coup, son regard s'éteignit, le tableau devint terne. Que restait-il ? Des yeux aveugles, la bouche mince comme un serpent mort et des joues. Des joues pâles et rondes d'enfant : elles s'étalaient sur la toile. Les employés de la S.A.B. ne les avaient jamais soupçonnées : ils ne

> restaient pas assez longtemps dans le bureau de Parrottin. Quand ils entraient, ils rencontraient ce terrible regard, comme un mur. Par-derrière, les joues étaient à l'abri, blanches et molles. Au bout de combien d'années sa femme les avait-elle remarquées ? Deux ans ? Cinq ans ? Un jour, j'imagine, comme son mari dormait à ses côtés, et qu'un rayon de lune lui caressait le nez, ou bien comme il digérait péniblement, à l'heure chaude, renversé dans un fauteuil, les yeux mi-clos, avec une flaque de soleil sur le menton, elle avait osé le regarder en face : toute cette chair était apparue sans défense, bouffie, baveuse, vaguement obscène.

Profondément entamé et meurtri par le regard des autres, le sujet engage un duel optique sans merci avec ses arrogants vis-à-vis. Ce combat consistant à faire chuter le portrait adverse dans le corps, à enliser le visage détesté dans sa corporéité, à monstrueusement réincarner la face peinte qui n'était représentée que comme pur signe social, à faire revenir l'obscène de la chair dans l'abstraction du regard. Toutes choses égales, il s'agit de transformer un portrait pompier en une figure de Francis Bacon, surincarnée et congestionnée. Car il suffit d'affronter avec aplomb la présomptueuse suffisance de leurs regards, de les dévisager avec application, acharnement même : les bourgeois finissent toujours par avouer qu'ils ont vraiment une sale gueule.

Voilà ce que nous apprend *La nausée* avant même que Sartre (à l'époque la politique est loin de constituer sa principale préoccupation) ait décidé d'implacablement et obstinément dénoncer le bourgeois, l'ennemi premier de notre difficile condition d'homme contemporain. Dénoncer le visage de l'autre, c'est pour lui un geste fondateur. Qu'Untel ait une tête qui ne lui revient pas, c'est *à ses yeux* un argument aussi décisif qu'une démonstration proprement philosophique ou politique. En octobre 1975, dans une interview réalisée par Philippe Gavi pour *Libération*, Sartre évoque au passage le visage du général Franco. Vivement désapprouvé et pris à partie par les lecteurs de *Libé* et du *Monde* pour avoir parlé de «cette gueule de salaud latin» du dictateur dont l'Espagne allait enfin être débarrassée, en bon philosophe qui a plus d'un tour dans sa sophistique, il répondra ainsi à cette polémique : «C'était une erreur — des propos tenus dans le feu d'une conversation prennent un autre sens quand ils sont transcrits tels quels — mais c'est une erreur que j'assume entièrement : Franco avait la gueule qu'il méritait, c'était bel et bien un salaud, et personne ne niera qu'il fût latin». Extrême mauvaise foi de Sartre qui n'en démord pas : on a toujours la tête qu'on mérite, espèce de châtiment anatomique infligé aux salauds par je ne sais quelle transcendance biologique. Georges Michel qui fut de ses amis, avoue qu'un point précis du caractère de Sartre l'a toujours étonné :

> C'est à la fois sa grande psychologie et sa capacité à se faire avoir, de se laisser embobiner. Je l'ai entendu plusieurs fois dire : «Un visage, ça ne trompe pas, ça cause».
>
> (*Mes années Sartre*)

Il y aurait donc une authenticité absolue du visage incapable de dissimuler la vérité du sujet. Si même les amis de Sartre furent horrifiés par cette sorte de racisme physique de sa condamnation de Franco, c'est sans doute qu'ils n'avaient pas compris que chez lui la question du *faciès* est décisive depuis fort longtemps. Plaque tournante ou plutôt point de blocage de tout son imaginaire.

Car Jean-Paul Sartre, tout au long de son œuvre et de ses entretiens, n'en aura jamais fini de régler ses comptes avec le douloureux problème de son propre visage. Impossible ici de ne pas mettre directement en jeu le visage de l'écrivain (son regard surtout qui constitue le foyer névralgique de tout visage, c'est-à-dire son lieu le plus sensible et le plus fragile) qui s'est toujours trouvé laid, n'a jamais esquivé le problème de sa laideur (réelle ou supposée, c'est évidemment indécidable). Relisez cette étonnante interview où Sartre décrit fort précisément son expérience spéculaire de son propre visage :

> La laideur m'a été découverte par les femmes ; on me disait que j'étais laid depuis l'âge de dix ans, mais je n'appréhendais pas ma laideur dans une glace. J'avais deux manières de me voir dans la glace. Une façon que je dirai universelle, comme un ensemble de signes ; si je voulais savoir si j'avais besoin d'avoir les cheveux coupés, de me laver, de changer de cravate, etc. C'étaient des ensembles de signes. Je voyais si mes cheveux étaient trop longs, si mon visage était maculé ou sale, mais finalement je ne saisissais pas mon individualité, dans ce visage. Une chose qui demeurait toujours, c'est l'œil qui louche. Ça, ça demeurait, et c'est ce que je voyais tout de suite. Et ça m'entraînait à l'autre façon de me représenter dans la

glace, comme un marécage. Je voyais mon visage d'une autre façon si je passais des signes abstraits au concret : le concret c'était une espèce de marécage. Je voyais des traits qui n'avaient pas beaucoup de sens, qui ne se combinaient pas en un visage humain net, en partie à cause de mon œil qui louchait, en partie à cause de rides que j'ai eues rapidement. Bref j'avais là comme une espèce de paysage, vu d'un avion. Avec des terres qui n'ont pas beaucoup de sens autre que celui d'être des champs, et puis de temps en temps, les champs disparaissent, ça monte, il n'y a plus de végétaux, il y a des collines ou des montagnes. Bref, c'était une sorte de terre bouleversée qui était le substrat de ce qu'est un visage d'homme, un visage que je voyais à l'œil nu sur mes voisins, et que je ne voyais pas dans la glace si je m'y regardais. Je pense, en partie, parce que je le saisissais comme fait par moi, et je voyais les muscles qui se contractaient pour le faire, les jeux de physionomie. Tandis que les jeux de physionomie des autres, je les voyais simplement comme des traits, des rides, des surfaces qui se changeaient un peu, et pas du tout des muscles qui se contractaient. Ces deux physionomies, sans continuité, sans liaison : l'universel, qui me donnait un visage, mais un visage comme on en voit dans les journaux, avec quatre traits pour le figurer ; et le particulier qui était en-deça du visage, qui était une grosse chair agricole, il aurait fallu un travail de la perception pour l'organiser en visage. Ça, c'était mes deux manières de me voir. Quand je voyais la chair agricole, je me désolais de ne pas pouvoir voir le visage que les autres voyaient. Et naturellement quand je voyais des traits généraux ça ne représentait pas mon visage. Il me manquait — comme je pense que, d'une certaine façon, il manque à chacun — le passage de l'un à l'autre, la jonction qui aurait été précisément le visage.

(*La cérémonie des adieux*,
suivi de *Entretiens avec Jean-Paul Sartre. Août-septembre 1974*).

De sa tête il ne se sera donc jamais remis comme le prouve bien cette confidence tardive qui fait de son visage un espace divisé, clivé, hétérogène, presque «schizophrénique» dans la perception qu'il en a. Un Sartre *bifrons*. Mais surtout menacé par une inquiétante régression vers l'informe, la liquidité, l'inorganique. Aucune netteté de l'image spéculaire qui s'affaisse, s'amollit, s'embourbe. Une louche régression vers un en-deça du stade du miroir, jusqu'à cette stupéfiante vue panoramique et paysagiste d'un visage-marécage diamétralement opposé à ceux des bourgeois de Bouville :

On les avait peints très exactement ; et pourtant, sous le pinceau, leurs visages avaient dépouillé la mystérieuse faiblesse des visages d'hommes. Leurs faces, même les plus veules, étaient nettes comme des faïences : j'y cherchais en vain quelque parenté avec les arbres et les bêtes, avec les pensées de la terre et de l'eau. Je pensais bien qu'ils n'avaient pas eu cette nécessité de leur vivant. Mais, au moment de passer à la postérité, ils s'étaient confiés à un peintre en renom pour qu'il opérât discrètement sur leurs visages ces dragages, ces forages, ces irrigations, par lesquels, tout autour de Bouville, ils avaient transformé la mer et les champs.

Quelle étonnante continuité corporelle du texte sartrien où à plus de trente-cinq ans de distance (*La nausée* est de 1938 alors que l'interview date de 1974) insiste une même vision aquatique du visage ! A l'opposé du marécage facial de l'écrivain, le portrait académique qui a foré et dragué les visages sans nul doute empâtés et pâteux des bourgeois.

Sartre n'aura jamais cessé d'expérimenter, de subir à même sa propre face l'impossible articulation du *sensible* et de *l'intelligible*. Justement sur le visage qui ne représente pas pour lui n'importe quelle partie du corps, mais son espace vital, son haut lieu comme il nous l'explique dans un de ses plus beaux textes, «Visages» (d'abord paru dans *Verve*, nº 5-6, en 1939, mais qui ne fut repris dans aucun recueil ultérieur [3] : simple hasard de l'édition ou plus probablement volonté de ne pas largement diffuser un texte trop intime ?). En quelques superbes pages extrêmement denses et fortes, presques poétiques et même lyriques en dépit de leur visée rigoureusement philosophique (et chaque fois qu'un écrit de Sartre fait de la «littérature» au sens où lui-même la refuse et la condamne, c'est qu'il aborde un enjeu personnel, proprement autobiographique, *Les mots* constituant la meilleure illustration de ce fonctionnement paradoxal de l'œuvre), Sartre tente une description *selon lui* purement phénoménologique («Je dis ce que je vois, simplement») de ces êtres si spécifiques et particuliers qu'on découvre parmi les choses et qu'on nomme les visages, mais qui en réalité n'ont nullement l'existence des choses :

Les choses n'ont pas d'avenir et l'avenir entoure le visage comme

---

3. Ce que ne dément nullement la publication en 1948 chez Seghers de *Visages, précédé de Portraits officiels*, avec quatre pointes sèches de Wols : il s'agit d'un livre à tirage limité destiné aux amateurs avertis et nullement d'un recueil visant le grand public comme les *Situations*.

> un manchon. Les choses sont jetées au milieu du monde, le monde les enserre et les écrase, mais pour elles il n'est point monde : il n'est que l'absurde poussée des masses les plus proches. Le regard au contraire, parce qu'il perçoit à distance, fait apparaître soudain l'Univers et, par là même, s'évade de l'univers. Les choses sont tassées dans le présent, elles grelottent à leur place, sans bouger ; le visage se jette en avant de lui-même, dans l'étendue et dans le temps. Si l'on appelle transcendance cette propriété qu'à l'esprit de se dépasser et de dépasser toute chose ; de s'échapper à soi pour s'aller perdre là-bas, hors de soi, n'importe où, mais ailleurs, alors le sens d'un visage, c'est d'être la transcendance *visible*.

«Ce que Sartre vise, précisent Contat et Rybalka, c'est la mise au jour de l'essence au sens phénoménologique, c'est-à-dire de la vérité du visage» ; la formule sartrienne «Le sens d'un visage, c'est d'être la transcendance *visible*» venant résumer concisément cette eidétique de la figure humaine. Mais en fait l'analyse est nettement plus ambiguë dans ses visées et ses conséquences. S'agit-il tout simplement de révéler la vérité du visage ou, de façon bien plus radicale, de poser le visage comme vérité ? Car pourrait-on concevoir un objet plus aléthéique que celui qui possède l'insigne privilège d'être la transcendance visible ? Et s'il n'était de vérité que faciale ? Si la physiognomonie constituait la forme la plus élaborée de l'herméneutique ? «Un visage, ça ne trompe pas, ça cause». Si dévisager représentait dès lors le geste philosophique par excellence ? *L'être et le néant* tout entier à relire dans cette perspective puisque les relations à autrui y passent nécessairement par le *regard* : «Dans la réaction primordiale au regard d'Autrui, en effet, je me constitue comme regard. Mais si je regarde le regard, pour me défendre contre la liberté d'autrui et la transcender comme liberté, la liberté et le regard de l'Autre s'effondrent : je vois des *yeux*, je vois un être-au-milieu-du-monde». Cette constante «dialectique» sartrienne du regard et des yeux, conçue de telle sorte qu'il n'est de meilleur moyen pour échapper à l'emprise scopique de l'autre que de regarder son regard ainsi réduit à sa réalité proprement physique et oculaire... Et ainsi de suite, toujours de visage à visage, dans l'infini chassé-croisé des regards...

Nul hasard si ce numéro de *Verve* où fut publié «Visages» contient un autre texte de Jean-Paul Sartre (mais non signé ! Et pourquoi cet anonymat si peu conforme aux habitudes sartriennes ? Pudeur de celui qui écrit alors au plus intime ? Refus d'assumer publiquement sa vérité ?) qui en constitue très exactement le négatif et la confirmation, la contre-épreuve et la vérification, «Portraits officiels». Dans cette brève analyse qui sert d'introduction à une série d'articles et d'illustrations ayant pour thème général la figure humaine et qui commente quatre portraits reproduits dans le volume, ceux de François 1er, Louis XIV, Charles le Chauve et Napoléon Bonaparte, Sartre dénonce violemment cette opération de désincarnation que constitue le portrait officiel :

> [...] parce qu'il ne veut pas non plus faire montre de la faiblesse, le peintre amenuise discrètement la chair des visages, jusqu'à la réduire à une simple *idée* de chair. Les joues de François 1er sont-ce des joues ? Non, mais le pur concept des joues : les joues trahissent les rois et il faut s'en méfier. Après cela, comme il le faut bien, l'artiste se préoccupera de la ressemblance. Mais encore faut-il que celle-ci ne nous porte pas trop loin. Ce nez de François 1er, il était long et tombant. Ainsi paraît-il sur le portrait : mais désincarné. En réalité il entraînait vers la terre tous les traits du visage. Sur l'image il est soigneusement coupé de la physionomie, il ne signifie rien pour l'ensemble ; il ne dérange pas plus l'air de tête que s'il était aquilin. C'est que les expressions véritables, la ruse, l'inquiétude traquée, la bassesse n'ont pas de place sur ces portraits. Avant même d'avoir rencontré son modèle, le peintre connaît déjà l'air qu'il faut fixer sur sa toile : force calme, sérénité, sévérité, justice.

Rien de plus notoirement scandaleux qu'une telle pratique picturale car elle s'en prend au révélateur même de la vérité, car elle ose falsifier la transcendance visible. Du portrait officiel comme crime proprement philosophique passible des plus sévères châtiments . une production de sophistes faisant dire n'importe quoi à n'importe quelle tête. Plus intransigeant encore que Platon à l'égard des poètes, Sartre aurait d'abord chassé de la Cité idéale les portraitistes officiels des hommes au pouvoir. Mais en même temps ne conclut-il pas «Visages» en affirmant que :

> Le reste [à savoir le côté réellement physique du visage] est secondaire : l'abondance de la chair peut empâter cette transcendance ; il se peut aussi que les appareils des sens ruminants l'emportent sur le regard et que nous soyons attirés d'abord par les deux plateaux cartilagineux ou par les trous humides et velus des narines ; et puis le

> modelé peut intervenir et façonner la tête selon les qualités de l'aigu, du rond, du tombant, du boursouflé. Mais il n'est pas un trait du visage qui ne reçoive d'abord sa signification de cette sorcellerie primitive que nous avons nommée transcendance.

Autrement dit cette transcendance subsisterait toujours en dépit de tous les accidents charnels qui risquent de l'occulter dans chaque visage individuel. Alors pourquoi ce refus obstiné du portrait officiel qui, philosophiquement parlant, ne devrait pas plus masquer la transcendance que les boursouflures, les adiposités, les verrues de certains visages disgracieux ? Du strict point de vue de cette transcendance, l'impeccable perfection d'un portrait académique soignant son modèle n'est pas pire que les nez en trompette, les doubles mentons et les oreilles en feuilles de choux. Pourquoi une telle indulgence pour les intumescences charnelles de la face humaine (de sa face ?) et une telle hargne à l'égard des manipulations picturales qui les résorbent (chez les autres ?) puisqu'en dernière instance la transcendance, résistant aux infinies variations des figures qu'elles soient belles ou laides, reste toujours perceptible dans chaque trait du visage ? Pourquoi blâmer la chirurgie esthétique du portrait officiel ? Pourquoi cette rage face à des têtes si bien arrangées et mises en valeur ? C'est qu'il n'est pas évident que Sartre (comme Roquentin fasciné par les représentations des bourgeois de Bouville) ne désire pas cela même qu'il s'acharne à condamner, la transparente incorruptibilité de ces visages délivrés de toute défaillance charnelle, soigneusement nettoyés, asséchés, aseptisés, en un mot totalement socialisés. Difficile de ne pas discerner une sorte de dénégation dans le refus sartrien du portrait purifié, codifié, ensigné, dans cette critique du filtrage pictural du visage qui n'en retient que son intelligibilité (fût-elle idéologiquement au service du pouvoir en place). Trop attiré, trop interrogé par les portraits officiels pour n'en pas désirer quelque chose. Lui dont la «laideur» de son visage est toujours vécue comme un inacceptable débordement, comme un indépassable retour de la chair qui le sépare à tout jamais de la transcendance visible de sa face irréparablement trop incarnée. Sachant que les autres ne verront jamais sa vérité avec la tête qu'il a. Imaginez son drame : il s'en faudra toujours d'une tête (et la sienne) pour franchir en vainqueur le fil de la vérité.

Il n'est dès lors pas excessif de soutenir que tout le corpus sartrien (en prenant bien soin de conserver à la notion de *corpus* sa signification première) n'en fera jamais qu'à sa tête. Il insiste constamment toute une physiognomonie implicite dans l'écriture de Jean-Paul Sartre. Qui veut véritablement le comprendre se doit d'être physionomiste car il ne sera pas toujours aisé de démasquer ses dispositifs romanesques et philosophiques qui lui permettent de s'exposer sans pour autant écrire à visage découvert. Il me suffit pour l'instant de reconnaître dans la dualité de son visage (telle qu'il se risque à l'avouer à Simone de Beauvoir) cette double postulation qui régira toute son œuvre. D'un côté un système philosophique en tant qu'ensemble de démonstrations abstraites, de l'autre un romanesque qui sombre et s'englue dans la matière. Exactement de la même façon que son image spéculaire se dédouble entre une image trop abstraite et une image trop concrète qui ne parviendront jamais à se rejoindre, s'installe dans toute l'œuvre sartrienne un véritable battement, symptôme d'un affolement, d'une angoisse, entre le trop abstrait et le trop concret, entre le pouvoir des signes et la prégnance de la matière. D'un côté l'implacable rigueur de la dialectique, de l'autre l'informe de la nausée [4].

Et si vous n'êtes pas encore convaincus de cette extrême prégnance du corps de l'auteur dans son écriture qui ne fait peut-être que répercuter (plus que sublimer) son fort difficile rapport à son physique, interrogez-vous plus précisément sur la raison pour laquelle le narrateur de *La nausée* s'est une fois de plus rendu au musée de Bouville. Depuis longtemps, il était troublé par un certain portrait :

> L'an dernier, quand je fis ma première visite au musée de Bouville, le portrait d'Olivier Blévigne me frappa. Défaut de proportions ? De perspective ? Je n'aurais su dire, mais quelque chose me gênait : ce député n'avait pas l'air d'aplomb sur sa toile.
>
> Depuis, je suis revenu le voir plusieurs fois. Mais ma gêne persistait. Je ne voulais pas admettre que Bordurin, prix de Rome et six fois médaillé, eût fait une faute de dessin.

---

4. Une double postulation à mettre en parallèle avec cette table de valeurs et d'antivaleurs dont Suzanne Lilar dresse la liste : «d'un côté le pur, le vif, le léger, le net, le sec, le froid, le dur, le ferme, le minéral ; de l'autre l'impur, le trouble, le flou, l'épais, le pesant, l'informe, le traînant, l'humide, le tiède, le mou, le gluant, le fertile, le vivant» (*A propos de Sartre et de l'amour*, Grasset, 1967).

Or en parcourant une vieille collection d'un périodique local, le narrateur a enfin entrevu la vérité :

> Comme il m'avait tracassé ce portrait. Quelquefois Blévigne m'avait paru trop grand et d'autres fois trop petit. Mais aujourd'hui, je savais à quoi m'en tenir.
>
> J'avais appris la vérité en feuilletant le *Satirique Bouvillois*. Le numéro du 6 novembre 1905 était tout entier consacré à Blévigne. On le représentait sur la couverture, minuscule, accroché à la crinière du père Combes, avec cette légende : le Pou du Lion. Et dès la première page, tout s'expliquait : Olivier Blévigne mesurait un mètre cinquante-trois. On raillait sa petite taille et sa voix de rainette, qui avait fait, plus d'une fois, pâmer la Chambre tout entière. On l'accusait de mettre des talonnettes de caoutchouc dans ses bottines. Par contre, Mme Blévigne, née Pacôme, était un cheval. «C'est le cas de dire, ajoutait le chroniqueur, qu'il a son double pour moitié».
>
> Un mètre cinquante-trois ! Eh oui : Bordurin, avec un soin jaloux, l'avait entouré de ces objets qui ne risquent point de rapetisser ; un pouf, un fauteuil bas, une étagère avec quelques in-douze, un petit guéridon persan. Seulement il lui avait donné la même taille qu'à son voisin Jean Parrottin, et les deux toiles avaient les mêmes dimensions. Il en résultait que le guéridon, sur l'une, était presque aussi grand que l'immense table sur l'autre et que le pouf serait venu à l'épaule de Parrottin. Entre les deux portraits l'œil faisait instinctivement la comparaison : mon malaise était venu de là.

Or il se trouve que Sartre (d'ailleurs né en 1905, l'année de parution de ce numéro du *Satirique Bouvillois* qu'il faut donc peut-être aussi lire comme une sorte d'extrait de naissance de l'écrivain) a toujours eu conscience de sa petitesse physique. Par deux fois au moins dans *Les mots* il insiste sur sa petite taille :

> [...] cette grande et belle femme [sa mère] s'arrangeait fort bien de ma courte taille, elle n'y voyait rien que de naturel : les Schweitzer sont grands et les Sartre petits, je tenais de mon père, voilà tout. Elle aimait que je fusse, à huit ans, resté portatif et d'un maniement aisé : mon format réduit passait à ses yeux pour un premier âge prolongé.
>
> Mon grand-père me trouvait minuscule et s'en désolait : «Il aura la taille des Sartre», disait ma grand-mère pour l'agacer. Il feignait de ne pas entendre, il se plantait devant moi et me toisait : «Il pousse !» disait-il enfin sans trop de conviction.

Imaginez alors un instant cette curieuse scénographie dont

son discours esthétique (et plus largement l'ensemble de son écriture) continuera toujours à porter la marque, son corps revenant dans tout ce qu'il voit, se reflétant dès qu'il y a une image : dans un musée de province un spectateur de petite taille (sa taille de maintenant ou celle d'autrefois, celle de son enfance, car de toute façon Sartre n'a jamais bien grandi depuis qu'il était l'objet portatif de sa mère ; et son Roquentin, si souvent inquiet sur son physique, ne doit rien avoir d'un athlète) découvre les artifices habilement utilisés par un peintre pour rendre sinon plus grand, tout au moins faire paraître d'une taille normale, un de ses modèles nettement plus petit que la moyenne. Quelle intense satisfaction que de prendre l'autre, le portraituré, en défaut ! Quelle merveilleuse jouissance que de le renvoyer impitoyablement à sa petitesse ! Soit ! Mais le spectateur, momentanément consolé, n'en sortira pas pour autant grandi (fût-ce d'un seul centimètre). Impossible donc pour Sartre de ne pas se voir dès qu'il voit. Absolue subjectivité de son regard, même et surtout philosophique [5].

Dans cette perspective nul hasard si Sartre (comme Josette Pacaly l'a déjà remarqué) prend soin de traduire Tintoretto, le surnom de Jacopo Robusti, par le «Petit Teinturier», grand peintre mais petit homme dont Sylvie Béguin remarque que, dans la caricature du sculpteur Francesco Pianta il Giovane,

---

5. Car il n'y aurait rien de plus aberrant que de considérer que le philosophique, domaine préservé et réservé d'une pensée purement conceptuelle, échappe miraculeusement à l'imaginaire du corps regardé. Ainsi à *La nausée* correspondent très exactement certaines pages de *L'être et le néant*. Comment par exemple ne pas rapprocher du retour de la corporéité sur le visage de Parrottin cette analyse philosophique de la chair comme contingence : «La chair est contingence pure de la présence. Elle est ordinairement masquée par le vêtement, le fard, la coupe de cheveux ou de barbe, l'expression, etc. Mais, au cours d'un long commerce avec une personne, il vient toujours un instant où tous ces masques se défont et où je me trouve en présence de *la contingence pure de sa présence* ; en ce cas, sur un visage ou sur les autres membres du corps, j'ai l'intuition pure de la chair. Cette intuition n'est pas seulement connaissance ; elle est appréhension affective d'une contingence absolue, et cette appréhension est un type particulier de *nausée*». Comme si *fatalement* la chair devait crever le fragile écran des traits distinctifs, déborder et emporter cet ensemble de signes particuliers qui ne seraient que la pellicule superficielle d'un visage, d'un corps. On a donc l'impression que le dispositif philosophique, en tant qu'agencement logique et raisonné, a pour fonction d'enclore au sein de ses rouages conceptuels le corps menaçant, de court-circuiter le retour de la chair en le pensant. Contrairement à ce qui est habituellement soutenu, ce n'est pas tant la présence d'un «contenu» philosophique du romanesque sartrien qui est remarquable que l'insertion et l'irradiation de motifs purement romanesques et fantasmatiques dans sa philosophie.

«il ressemble, au milieu de ses toiles gigantesques, à un nain besogneux». Figure typiquement sartrienne, je le dis sans nulle moquerie et même avec émotion, que cette disproportion physique entre la petitesse du créateur et l'imposante monumentalité de son œuvre, que ce Tintoretto acharné à couvrir tous les murs de Venise de ses peintures, toujours en train de multiplier d'immenses compositions jamais assez vastes : *La crucifixion* de la *Scuola di San Rocco* mesure 5,36 x 12,24 m. Soit une surface de 70 m². Quant au *Paradis* du Palais des Doges, il est réputé comme la plus grande toile du monde : 22 m. sur 7, soit environ 155 m². Ce qui impressionne d'abord le spectateur des toiles du Tintoret à Venise, c'est leur volonté presque mégalomaniaque d'occuper le terrain. S'il vous prend la fantaisie d'additionner les surfaces peintes de la *Scuola di San Rocco*, vous en arrivez à la surface fabuleuse de 600 m² :

> Laissez-le faire, il couvrira de ses peintures tous les murs de la ville, aucun *campo* ne sera trop vaste, aucun *sotto portico* trop obscur pour qu'il renonce à ses enluminures ; il badigeonnera les plafonds, les passants marcheront sur ses plus belles images, son pinceau n'épargnera ni les façades des palais, sur le Canale Grande, ni les gondoles, ni peut-être même les gondoliers. Cet homme s'imagine qu'il a reçu par naissance le privilège de transformer sa ville en lui-même et, d'une certaine manière, on peut soutenir qu'il a raison.
>
> («Le séquestré de Venise»)

Comment Sartre ne serait-il pas fasciné par la magnifique prodigalité picturale du Tintoret, lui qui selon certains de ses proches (qui s'étonnent de cette sorte de naïveté) est satisfait d'avoir écrit de très gros livres avec beaucoup de pages, est fier de leur épaisseur proprement matérielle. Comme si cette monumentalité même de ses œuvres le rassurait. Sans parler de sa volonté d'occuper tout le terrain philosophique (puis politique) : ce caractère proprement impérialiste de l'existentialisme triomphant au lendemain de la guerre. En choisissant de nommer le Tintoret le *Petit Teinturier*, Sartre en fait affectueusement son confrère en petitesse, car seul un «petit» (c'est-à-dire un sujet supposé victime de sa propre image) pouvait faire de la peinture autre chose que du pur visible.

Visitant et revisitant sans cesse le musée de Bouville, Roquentin nous aura tout au moins appris que la peinture ne renvoie finalement à Sartre que l'image de son propre corps : retour de la «laideur» en dépit des subterfuges picturaux, de l'obscénité de la chair dans la suffisance désincarnée des regards, réinscription de la petitesse malgré les subtils artifices de l'académisme. Toute image, fût-ce la plus réactionnaire, recèle en palimpseste mon autoportrait. Rien de l'esthétique sartrienne ne sera compréhensible si on ne pose pas clairement qu'en toute image affleure pour lui son propre corps. Très logiquement l'Italie, patrie des images, devait servir de cadre au livre où il voulait poser la décisive question du corps, séduisant ou disgracieux :

> J'avais [...] écrit, mais ça ne sera jamais terminé, un livre qui s'appelait *La Reine Albemarle ou le dernier touriste*, où je parlais du rapport des gens avec leur corps. Qu'est-ce que c'était d'être beau, puis ce que c'était d'être laid.
>
> (*Sartre.* Un film réalisé par Alexandre Astruc et Michel Contat)

Décollation

> Le Soleil, la main ouverte : aïeul prodigue, magnificent. Semeur.
>
> Semeur ? Je dirais plutôt autre chose...
>
> L'imposition de ses mains fait tout se bander : cintre (rend convexes) les surfaces, fait éclater les cosses, s'ériger les tiges des plantes, gonfler les fruits.
>
> Sa seule apparition, sa seule vue hâle, fait rougir ou blêmir, défaillir, se pâmer.
>
> Sous sa chaude caresse, ce vieillard prodigue abuse de ses descendants, précipite le cours de leur vie, exalte puis délabre physiquement leurs corps.
>
> Et d'abord les pénètre, les déshabille, les incite à se dénuder, puis les fait gonfler, bander, éclater ; jouir, germer ; faner, défaillir et mourir.
>
> [...] Père voyeur et proxénète... Accoucheur, médecin et tueur. Violeur de ses enfants.

Peut-être ces quelques lignes de Francis Ponge extraites du *Soleil placé en abîme* nous permettront-elles de comprendre ce qui se joue pour Sartre à Venise, la cité du Tintoret. Car à en croire Ponge qu'est-ce que le soleil sinon la maîtrise souveraine, la loi absolue, l'identité toujours recréée, la tyrannie du Père, la contrainte œdipienne à son zénith ? Eblouissante violence de «ce globe qui tournoie, aveuglé par l'orgueil et l'enthousiasme égocentrique» (pour reprendre la belle formulation de Jean Beaufret, dans *Dialogue avec Heidegger. Philosophie grecque*). Et personne n'ignore tout ce qui lie l'imaginaire solaire au phallus : «[...] quand je m'écrie : JE SUIS LE SOLEIL, il en résulte une érection intégrale [...]», écrit Georges Bataille dans *L'anus solaire*. S'il est vrai que rien ne bande plus que le soleil, alors la Venise sartrienne est le lieu de la plus prodigieuse émasculation qu'on puisse imaginer : elle aurait châtré l'astre solaire lui-même.

> Je lève la tête : non, il n'y a qu'un trou, là-haut, vertigineux, sans ténèbres, déchiré par les faisceaux incolores des seuls rayons cosmiques. A la surface de ce gouffre à l'envers, une écume floconne bien inutilement pour dissimuler l'indubitable vacance du Soleil. Dès qu'il le peut, cet astre se défile : il n'ignore pas qu'il est indésirable et que Venise s'obstine à voir en lui l'image abhorrée du pouvoir personnel. Elle consomme, en réalité, plus de lumière que Palerme ou Tunis, surtout si l'on tient compte de ce qu'en absorbent ses hautes ruelles sombres ; mais elle ne veut pas qu'il soit dit qu'elle doive le jour qui l'éclaire aux libéralités d'un seul.
>
> («Venise, de ma fenêtre»)

Une ville refusant le soleil qui est perçu, conçu comme le symbole même du pouvoir personnel. Qui consomme sans restriction sa lumière, mais qui ne reconnaît pas pour autant sa puissance autocratique. Ou plus exactement encore une cité éclairée par un «soleil cou coupé» conformément à la splendide expression de Guillaume Apollinaire dans *Zone* (*Alcools*), comme va le montrer Sartre en racontant une bien étrange légende :

> [...] dans les commencements, la lagune était plongée dans une nuit radieuse et perpétuelle ; les patriciens se plaisaient à regarder les constellations dont l'équilibre, fondé sur une défiance mutuelle, leur rappelait les bienfaits du régime aristocratique. Tout allait pour le mieux : les doges, étroitement surveillés, se résignaient à n'être plus que les hommes de paille du capitalisme commercial. L'un d'eux, Fallero, cocu et bafoué publiquement, avait eu un sursaut de révolte mais on l'avait coffré sur le champ ; ses juges

l'avaient persuadé sans difficulté de son crime : il avait encouru la peine capitale pour avoir tenté d'enrayer la marche du Processus historique, mais s'il se reconnaissait coupable, la postérité rendrait justice à son courage malheureux. Il était donc bien mort en demandant pardon au peuple et en louant la justice qui allait être faite. Depuis, nul n'avait troublé l'ordre public ; Venise était calme sous ses pléiades.

Or, le Grand Conseil décida, pour orner la salle des séances, de faire peindre sur la haute frise les portraits des doges défunts, et quand on en vient à celui de Fallero, ces commerçants vindicatifs ordonnèrent de couvrir son visage d'un voile qui portait ces mots injurieux : *Hic est locus Marini Falleri decapitati pro criminibus*. Cette fois le pauvre agneau se fâcha pour de bon : était-ce là ce qu'on lui avait promis ? Non seulement la postérité ne le réhabilitait pas mais vouait à son tour sa mémoire aux exécrations futures. Brusquement son chef coupé se leva à l'horizon et se mit à tourner au-dessus de la ville ; le ciel et la lagune se teignirent de pourpre et les fiers patriciens, sur la place Saint-Marc, se cachèrent les yeux de leurs doigts horrifiés, en criant : *Ecco Marino*. Depuis il revient toutes les douze heures, la ville est hantée, et, comme une ancienne coutume veut que le Doge élu paraisse au balcon pour jeter à la foule des joyaux et des florins le Potentat assassiné répand ironiquement sur les places des flots d'or souillé de son sang.

(«Venise, de ma fenêtre»)

Une fort curieuse héliographie : le soleil est ici chef coupé, décapitation ensanglantant la ville. Car ce n'est pas rien que de faire du retour quotidien de l'astre solaire une scène de mutilation. Il y a même un redoublement de la décapitation dans le texte sartrien. Comme si cette première décollation ne suffisait pas par elle-même (puisque le soleil vénitien, quand il est présent dans le ciel, n'est autre que «la grosse tête fruste de Marino Fallero»), Sartre fait de l'absence même du soleil une décollation au second degré : «Donc, pas de soleil ce matin ; il joue Louis XVI à Paris ou Charles Ier à Londres. Cette boule a rompu l'équilibre en disparaissant [...]». Non seulement le soleil présent a déjà été condamné à la peine capitale, mais absent il passe une fois de plus à la guillotine.

On n'aura pas manqué de remarquer qu'une telle héliographie tire son origine de l'occultation du *portrait* : qu'on me coupe la tête, passe encore ; mais qu'on interdise aux générations futures de me dévisager tel que je fus la tête encore sur les épaules, qu'on masque à tout jamais ma figure peinte, alors là je ne marche plus, s'insurge le très sartrien

Fallero. Décapité, à la rigueur, mais effacé, jamais. Impossible de faire le deuil de son visage tel que la peinture le conserve pour la postérité. Afin de faire payer au prix le plus élevé cette négation du visage (la moins pardonnable qui soit en milieu sartrien), le doge punira sa cité d'une sanglante héliographie. Et autant brûler les étapes en la lisant immédiatement comme mise en scène de la castration, mais en soulignant que l'image, plus précisément le portrait en tant qu'essence de toute image, constitue chez Sartre le lieu géométrique de la castration. C'est une banalité de le rappeler, mais ne jamais oublier qu'un imaginaire de la castration généralisée multiplie ses figurations dans tout le corpus sartrien. Et justement encore plus que partout ailleurs à Venise (qui, comme Paul Morand l'indique dans *Venises*, «avait son propre calendrier, commençant le 1er mars ; les jours étaient comptés à partir du coucher du soleil») car la castration, si visible qu'on ne saurait l'oublier, revient toutes les douze heures, se lève et se couche chaque jour à l'horizon, rythme la vie quotidienne, devient littéralement cosmologique. A Venise elle n'est plus de l'ordre du refoulement, mais du domaine public de l'esthétique urbaine puisqu'elle pare la ville de ses rougeoyantes beautés : chaque nouvelle journée, en son éclairage sanglant, commémore cette fabuleuse émasculation dont la cité, horrifiée de son audace, ne s'est jamais remise. Somptueusement enrichie par les échanges commerciaux avec l'*Orient* à l'époque de sa prodigieuse puissance maritime, elle a désormais basculé dans l'*Occident* pour n'être plus qu'une des étapes de nos pélerinages culturels. Se couchant et s'enfonçant tous les jours un peu plus dans la lagune mortifère dont elle est née.

Que l'astre solaire soit chez Sartre intimement lié au roman familial, *Les mots* le confirme puisque l'auteur s'y définit lui-même comme «fief du soleil», expression empruntée, *via* Marc Bloch, aux juristes allemands de la fin du Moyen Age Est fief du soleil qui n'a pas de seigneur humain :

> Ma chance fut d'appartenir à un mort : un mort avait versé les quelques gouttes de sperme qui font le prix ordinaire d'un enfant : j'étais un fief du soleil [...].

Ne dépend que du soleil (qui figure alors une archi-paternité transcendante) celui qui n'a pas de père réel. «Fief du soleil» qui revient encore sous la plume de Sartre, dans «Le séquestré de Venise», lorsqu'il retrace rapidement l'évolution de la peinture italienne depuis les Primitifs jusqu'à la Renaissance du Quattrocento :

> [...] d'un tassement de brumes émerge ce désenchantement somptueux, la peinture. Elle se rappelle encore le temps où Duccio, Giotto montraient à Dieu la Création telle qu'elle était sortie de Ses mains : dès qu'il avait reconnu son Oeuvre, l'affaire était dans le Sac et le monde dans un cadre, pour l'Eternité. Entre le tableau, fief du Soleil, et l'Oeil suprême, des moines et des prélats glissaient parfois leur transparence ; ils venaient sur la pointe des pieds regarder ce que regardait Dieu, et puis ils repartaient en s'excusant. Fini : l'Oeil est clos. Ciel aveugle.

La peinture conçue comme un désenchantement, fondamentalement décevante aussi somptueuse soit-elle, dès lors que son émergence proscrit et censure le plus parfait autoportrait qui soit : Dieu, l'Œil suprême se mirant en sa création. Désormais l'autoportrait, en tant que fondement ontologique de toute représentation, est un Paradis perdu. Fin de l'âge d'or de l'Image : il ne nous reste plus que la peinture en tant que simple agencement d'artifices mimétiques. Où est cette merveilleuse époque où rien ne s'interposait entre le regard du Créateur et sa Création comme spectacle tant alors toutes les créatures étaient elles-mêmes transparentes, si secondaires et si discrètes qu'elles n'altéraient en rien le miroir de la réflexion divine dont le peintre constituait le simple médiateur, ne visant qu'à rendre au Tout-Puissant ce qui lui appartenait en propre ? Au temps des Primitifs qui ne s'adressaient qu'à Dieu, le Créateur se réfléchissait si parfaitement en son Œuvre que toute peinture constituait en fait un Autoportrait sans défaut, chaque image le reflétant tel qu'en luimême il se projette et se reconnaît dans sa Création. Pourquoi un tel changement depuis la Renaissance ? Parce qu'est intervenue la perspective qui est par définition profane, qui tente de nous faire croire que le visible peut se suffire à lui-même : aplatissant la Création qu'elle piège dans ses artifices optiques, elle réduit la profondeur de la troisième dimension à un habile truquage de la surface picturale (alors que le Tintoret sartrien n'aura justement d'autre volonté que de sortir de l'abstraction de l'espace perspectiviste pour restituer, dans l'ordre du réel et non de la représentation, la profondeur et la pesanteur de notre monde). Le Quattrocento en inventant la peinture a perdu de vue l'essentiel à proportion qu'il donnait à voir. C'en est fini de ces peintres qui étaient fiefs du soleil : ne dépendant d'aucun père, ou plutôt ne relevant que d'une paternité idéale sans présence du père, si transcendantalement divine et éloignée qu'elle les libérait plus qu'elle ne constituait une quelconque contrainte. Du Soleil comme figure si archétypale de la paternité qu'elle protègerait des atteintes du père. Que penser alors de cette Venise sartrienne où le soleil lui-même, dans ce cas figuration substitutive du portrait voilé (du chef tranché), est émasculé : comble de la castration ?

A cette occasion souvenez-vous de ce soleil couchant, autre chef ensanglanté, qui n'arrête pas de se coucher pendant la dernière journée que Roquentin passe à Bouville. «L'un des plus spectaculaires couchers de soleil de l'histoire de la littérature» comme l'a découvert Denis Hollier. Un soleil qui est déjà couchant vers deux heures de l'après-midi : «le soleil couchant teintait de roux la table réservée aux lectrices, la porte, le dos des livres». Quand Roquentin sort de la bibliothèque à peu près trois heures plus tard si l'on tient compte des différentes informations chronologiques fournies par le récit, soit vers cinq heures, ce soleil décidément fort paresseux est toujours aussi couchant : «Le soleil éclaira un moment son dos courbé, puis il disparut. Sur le seuil de la porte, il y avait une tache de sang, en étoile». A sa lumière sort l'autodidacte à la bouche et aux joues barbouillées de sang : homosexuel massacré, figure sanglante de la castration. Une heure plus tard rien n'a changé : «Il fait gris, le soleil se couche». Un interminable héliotropisme romanesque à l'image d'«un Occident qui se prolonge par faiblesse», suggère Denis Hollier privilégiant une fois de plus une interprétation politique et idéologique (car la critique sartrienne fonctionne le plus souvent comme l'Enfer de Dante : obligeant Sartre à toujours subir rétroactivement ce qu'il a finalement de plus en plus privilégié, étroitement politisé et idéologisé à proportion de l'intensité de son engagement politique). Mais comment ne pas remarquer que ce soleil encore et toujours couchant accompagne le départ d'un Roquentin qui, abandonnant son essai biographico-historique, se délivrant de l'autre qu'il essayait de ressusciter, a décidé de se consacrer véritablement à l'écriture, a choisi d'écrire un livre, un roman ? *Il n'y aura d'écriture qu'à la lumière du soleil couchant comme à Venise le Tintoret n'a peint qu'à la lumière d'un soleil cou coupé.*

Si Sartre veut, tel est du moins son désir conscient et avoué, s'autoengendrer par l'écriture en l'absence de tout père réel, la prégnance de la thématique solaire, faisant partout irradier la castration, prouve qu'en fait il n'en aura jamais fini avec la question du père. On s'en doutait bien à considérer la façon désarmante qu'il a de poser le problème de son propre roman familial : vu que je n'ai pas eu de père, le problème de l'Oedipe ne me touche que fort partiellement, j'ai été une bonne fois pour toutes délivré de l'emprise de la paternité :

> La mort de Jean-Baptiste fut la grande affaire de ma vie : elle rendit ma mère à ses chaînes et me donna la liberté.
>
> Il n'y a pas de bon père, c'est la règle ; qu'on n'en tienne pas grief aux hommes mais au lien de paternité qui est pourri. Faire des enfants, rien de mieux ; en *avoir*, quelle iniquité ! Eût-il vécu, mon père se fût couché sur moi de tout son long et m'eût écrasé. Par chance, il est mort en bas âge ; au milieu des Enées qui portent sur le dos leurs Anchises, je passe d'une rive à l'autre, seul et détestant ces géniteurs invisibles à cheval sur leur fils pour toute la vie ; j'ai laissé derrière moi un jeune mort qui n'eut pas le temps d'être mon père et qui pourrait être, aujourd'hui, mon fils. Fût-ce un mal ou un bien ? Je ne sais pas ; mais je souscris volontiers au verdict d'un éminent psychanalyste : je n'ai pas de sur-moi.
>
> (*Les mots*)
>
> En vérité, la prompte retraite de mon père m'avait gratifié d'un «Oedipe» fort incomplet : pas de Sur-moi, d'accord, mais point d'agressivité non plus. Ma mère était à moi, personne ne m'en contestait la tranquille possession [...].
>
> (*Les mots*)

Il faut bien comprendre que dans la perspective sartrienne cette incomplétude même de l'Œdipe est interprétée, presque glorifiée comme une parfaite plénitude : c'est un coup de chance, une faveur du destin. Etre si vite orphelin de père, c'est en somme gagner du temps, c'est se débarrasser immédiatement, d'un seul coup, sans retard et difficultés, du complexe d'Œdipe. Sartre est finalement convaincu qu'on vivra d'autant mieux qu'on n'a eu qu'un demi-Œdipe ou pas d'Œdipe du tout. L'absence de père résout dans l'œuf, si j'ose dire, faute de combattants, la crise œdipienne. On a toujours l'impression que Sartre imagine l'Œdipe comme une maladie d'enfant : on l'a faite comme la rougeole ou les oreillons, ou, et c'est encore mieux, on n'a jamais été contaminé faute de microbe parternel. Est-il vraiment nécessaire de rappeler qu'en réalité «l'enfant ne peut dépasser l'Œdipe et accéder à l'identification paternel que s'il a traversé la crise de la castration» (en citant, on ne peut mieux faire, le *Dictionnaire de la psychanalyse* de Laplanche et Pontalis) ? La castration est indispensable, elle doit avoir (eu) lieu : on ne saurait en faire l'économie, surtout sous prétexte d'orphelinat. Symboliquement ineffectuée, elle ne pourra qu'envahir massivement l'imaginaire textuel [6].

Encore la castration ! diront certains lecteurs légitimement lassés par ce sempiternel retour de la même rengaine analytique. De fait cette inscription de la castration mériterait à peine d'être remarquée s'il ne se trouvait qu'en milieu sartrien son imaginaire est toujours puissamment réactivé par la proximité de l'image. Et évidemment encore plus que par toute autre, par l'image du visage, dans la mesure où pour lui le portrait constitue fantasmatiquement le «modèle» de toute représentation. En ce sens je ne connais guère d'images plus typiquement sartriennes que les autoportraits de Wols, tels tout au moins que les décrit l'écrivain :

> Jamais je n'ai pu regarder *La Pagode*, gouache de 1939, sans penser à l'expérience de Sherrington, à cette tête de chien coupée mais artificiellement irriguée qui vivote sur un plat. Pour n'avoir pas subi la décollation, celle de Wols n'en est pas moins douloureuse : l'œil est clos ; nul doute qu'on ne se serve de lui pour une expérience : des fils, des membranes, des paquets de tuyaux enfoncés sous sa peau relient au dormeur tout un petit monde – papillon, cheval, cafards, violons, etc. – qu'il subit du *dedans* sans le voir et qui lui inflige son somnambulisme. *Le Pantin* – encore un autoportrait – manchot aux yeux ouverts, cette fois, semble actionné par un étrange appareil compliqué, vieillot qui règle *par-derrière*

6. Ainsi comment ne pas discerner dans ce que Roquentin-Sartre appelle la *nausée* une constante mise en scène de l'angoisse de castration ? Ça n'a probablement jamais autant débandé dans un roman que dans *La nausée*. Presque à chaque page ça s'affaisse, ça ramollit, ça retombe, ça dégringole, ça s'avachit, ça se liquéfie, ça se défait. La nausée, c'est un perpétuel affaissement gélatineux comme Serge Doubrovsky l'a déjà parfaitement montré : Bouville, la ville de la *boue* est une ville castrée.

> ses mouvements et sa vision : du haut d'un pal, un Hercule surveille les opérations.
>
> («Doigts et non-doigts», *Situations, IV*)

L'autoportrait (aux yeux clos [7]) comme décollation. De plus d'une façon Wols, qui se tranche lui-même le chef en se représentant, est un lointain descendant de doge Fallero qui, après avoir accepté d'être décapité, se révoltera en revenant comme castration solaire dans le ciel vénitien, parce qu'on avait voilé son portrait.

Nul hasard dès lors si la castration n'est jamais aussi présente, aussi évidente qu'à Venise, par définition la ville des images. En toute bonne logique sartrienne le Tintoret, en tant que citoyen d'une ville hantée par l'impossible symbolisation de la castration, ne pourra que produire des images paradoxales puisque ne relevant pas essentiellement du domaine du visible. Etroite intimité entre le peintre et sa ville : à l'astre ensanglantant quotidiennement la cité correspondra son refus de la prééminence du visuel dans la création picturale.

L'émergence de l'altérité

Nous décrivant Venise, Sartre nous fait assister dans le détail à un phénomène d'une inquiétante étrangeté, l'incontournable émergence de l'altérité. Comment la ressemblance sépare au lieu de réunir, de rapprocher, de rassembler, comment le même se sépare de lui-même, comment la disjonction s'installe au cœur des choses :

> [...] qu'y a-t-il en face de moi ? *L'autre* trottoir d'une avenue «résidentielle» ou *l'Autre* berge d'un fleuve ? De toute façon, *c'est l'Autre*. S'il faut tout dire, la gauche et la droite du Canal ne sont pas

7. Des yeux clos qui nous renvoient à cette autre remarque de Jean-Paul Sartre à propos de Wols : «Corail parmi les coraux, il se couchait sur son lit, fermait les yeux, l'image «s'accumulait dans son œil droit»». Comment ne pas se rendre compte qu'en citant ainsi une phrase de Lautréamont que Wols avait faite sienne, le philosophe (dont l'œil droit est depuis lontemps éteint) fabule déjà ce que je serais tenté d'appeler l'aveuglement de la peinture. Imaginez désormais l'artiste ayant les yeux fermés, comme si ses images, conçues intérieurement en chambre noire, naissaient d'une sorte d'invisibilité du réel. D'ailleurs «l'artiste *voit-il* ? Janus a les yeux blancs», se demande Sartre en évoquant le *Janus bifrons portant l'aquarium* de Wols.

dissemblables. Oui, bien sûr, la Fondouque des Turcs est d'un côté, la Ca' d'Oro de l'autre. Mais en gros ce sont toujours les mêmes coffrets, le même travail de marqueterie, interrompus çà et là par le mugissement de grandes mairies de marbre blanc, rongées par des larmes de crasse. Quelquefois, quand ma gondole glissait entre deux fêtes foraines, je me suis demandé laquelle était le reflet de l'autre. Bref, ce n'est pas leurs différences qui les séparent, au contraire.

(«Venise, de ma fenêtre»)

La Venise sartrienne nous montre donc comment l'Autre surgit inéluctablement du Même, en référant très précisément ce surgissement de l'altérité au dispositif spéculaire du miroir :

Imaginez que vous vous approchiez d'une glace : une image s'y forme, voilà votre nez, vos yeux, votre bouche, votre costume. C'est vous, ce *devrait* être vous. Et pourtant, il y a quelque chose dans le reflet – quelque chose qui n'est ni le vert des yeux, ni le dessin des lèvres, ni la coupe du costume – quelque chose qui vous fait dire brusquement : on en a mis un *autre* dans le miroir à la place de mon reflet. Voilà à peu près l'impression que font, à toute heure, les «Venise d'en face».

(«Venise, de ma fenêtre»)

Semblable apparition de l'autre dans le miroir n'est pas un accident momentané de la réflexion, une défaillance passagère, mais au contraire sa caractéristique la plus intime, sa loi, sa fatalité. En milieu sartrien il suffit de se regarder dans le miroir pour ne plus se rejoindre, pour se couper de soi-même, pour se cliver. La Venise sartrienne, c'est la projection spatiale, maritime et urbaine, du principe du miroir qui ne vous reflète que pour vous désapproprier de vous-même. «Entre les deux rives il y a *rien* : une écharpe hâtivement jetée sur le vide», et cependant ce rien suffit à irrémédiablement séparer, à disjoindre sans le moindre espoir de réunification :

Tout cela, c'est à cause du Canal. Si c'était un honnête bras de mer, avouant franchement qu'il a pour fonction de séparer les hommes, ou bien un fleuve rageur et dompté qui porte les barques à regret, il n'y aurait pas d'histoire, on dirait tout simplement qu'il y a là-bas une certaine ville, différente de la nôtre et, par cela même toute semblable. Une ville comme toutes les villes. Mais ce Canal prétend *réunir* ; il se donne pour un chemin d'eau, fait tout exprès pour la promenade à pied. [...] ce faux trait d'union ne feint de rapprocher que pour mieux disjoindre ; il me circonvient sans peine et me donne à croire que la communication avec mes semblables est impossible [...].

(«Venise, de ma fenêtre»)

Cité construite sur un archipel de 117 îles et îlots, infiniment divisée par les canaux et les *rii*, infiniment fragmentée et morcelée, Venise l'émiettée, la parcellarisée, constitue dans l'imaginaire sartrien la représentation même de l'impossible identification réflexive. Et je ne m'étonne pas qu'il existe un type de miroir dit vénitien en raison de son cadre lui-même miroitant :

Ce cadre énorme, disproportionné, qui fait presque oublier le miroir lui-même perdu en son centre. Et le fait est que ce cadre est composé d'une quantité de petits miroirs inclinés dans tous les sens. De telle sorte que toute complaisance vous est interdite. A peine votre regard s'est-il posé au centre, sur l'image de votre visage, qu'il est sollicité à droite, à gauche, en haut, en bas par les miroirs secondaires qui reflètent chacun un spectacle différent. C'est un miroir *dérapant*, distrayant, un miroir centrifuge qui chasse vers sa périphérie tout ce qui approche son foyer. Certes ce miroir-là est particulièrement révélateur. Mais tous les miroirs vénitiens participent de cette audace centrifuge, même les plus simples, même les plus francs. Les miroirs de Venise ne sont jamais droits, ils ne renvoient jamais son image à qui les regarde. Ce sont des miroirs inclinés qui obligent à regarder ailleurs. Certes il y a là de la sournoiserie, de l'espionnage en eux, mais ils vous sauvent des dangers d'une contemplation morose et stérile de soi-même. Avec un miroir vénitien, Narcisse était sauvé. Au lieu de rester englué à son propre reflet, il se serait levé, aurait serré sa ceinture, et il serait parti à travers le monde.

(Michel Tournier, *Les Météores*)

S'il semble incontestable que Narcisse était sauvé avec un pareil miroir l'arrachant à l'abîme mortifère de l'autocontemplation, Sartre quant à lui qui n'aura jamais de toute sa vie réussi à rejoindre son propre reflet, ne saurait qu'être profondément troublé par une semblable diablerie réflexive. Comment ne pas se rendre compte qu'il existe un véritable masochisme spéculaire de la part de Sartre à toujours revenir dans cette Venise qui ne peut par elle-même que raviver son angoisse de l'impossible identité en le faisant assister concrètement, par le biais de ses machinations optiques, à la perte de sa propre image ? On est déjà moins surpris de savoir qu'un jour prochain il ne regrettera pas (autant qu'on aurait pu s'y attendre) de ne plus voir cette ville qu'il aimait tant revoir...

D'autant plus qu'il n'existe pas de cité plus abominable, plus détestable que Venise pour les amateurs d'être, pour des adeptes de l'étant, pour tous ces métaphysiciens qui veulent que ce qui est soit vraiment. Car Venise fait pire que de ne pas être du tout (elle ne constituerait alors qu'un non-être aisément opposable à l'être), elle s'indifférencie, elle confond les substances, elle se permet de mélanger les distinctions ontologiques en une sorte de macédoine métaphysique où l'être n'est plus jamais tel qu'en lui-même la philosophie pourrait le reconnaître et le classer. Venise, c'est, si j'ose dire, la salade russe de l'être puisque tout y est mélangé et confondu, puisque rien n'y est vraiment, n'y demeure ce qu'il devrait être. Et Sartre d'insister sur cet *illusionnisme ontologique* de Venise où aucun élément n'est plus lui-même. Regardez l'eau : vous y voyez le ciel infiniment dispersé et reflété ; regardez le ciel et vous croirez y voir la lagune, sa surface écumante, sa profondeur de gouffre. L'eau est tombée dans le ciel, le ciel a de la lagune sa vacuité : «[...] l'air, l'eau, le feu et la pierre ne cessent de se mélanger et de s'intervertir, d'échanger leurs natures ou leurs lieux naturels» («Venise, de ma fenêtre»). A Venise rien ne saurait demeurer lui-même à sa place : le ciel est dans l'eau, l'eau occupe le ciel. Si le système céleste y devient aquatique, le domaine marin possède en retour des vertus météorologiques habituellement réservées aux nues. La Venise sartrienne (sans doute comme les Venise d'autres écrivains, mais c'est en philosophe qu'il y insiste) est un composé instable : rien n'y est vraiment à sa place, rien n'y est vraiment... A force de s'échanger, de se confondre, de se transmuer, les grands éléments y perdent leur spécificité, n'y existent plus. A Venise le philosophe y perd sa cosmologie comme en d'autres lieux ou en d'autres circonstances on y perd son latin. Il est alors confronté à une très insidieuse cosmologie ondoyante et tournoyante où les éléments, à force de naître les uns des autres et de se manifester dans leurs contraires, abandonnent la réalité de leur individualité.

Aucun élément n'y est plus lui-même, façon de reconnaître, d'avouer qu'il n'existe jamais réellement.

Ainsi ce qui fascine incontestablement Sartre, c'est l'extrême fragilité ontologique de cette ville constamment menacée par une perte d'identité : décidant justement de la décrire un de ces jours où elle se prend pour Amsterdam, où elle n'est plus elle-même. Alors Sartre de décliner tout ce qui fait qu'en une telle cité l'être est incessamment corrodé par le néant. La liquidité constituant un des principaux opérateurs de la dilution, de la dissolution de l'être. Venise nous donne le mal de mer, elle nous vide. Venise n'est présente à nos yeux qu'à condition d'inexister. Venise, c'est la ville de la raréfaction de l'être comme le souligne l'écrivain dans une de ses analyses consacrées au Tintoret :

> [...] si l'artiste a du goût pour la raréfaction de l'être, il n'a qu'à faire un tour sur les Fondamente Nuove au crépuscule du soir ou du matin : il la trouvera partout, presque sur ses mains, c'est une spécialité vénitienne. Le ciel joue sur ses phalanges pâlies, crépite à hauteur d'homme, sans cesser d'être, au-dessus de la stratosphère, cette soie grise et lâche où le regard se perd. Entre l'écharpe subtile et les toits, l'absence, désert haché par des saccades de lumière. Même quand la chaleur accable, le soleil reste «cool» ; mais nulle part au monde, il ne ronge autant : il peut escamoter une île, désintégrer un quartier, tomber dans un canal dont l'eau s'évanouit et remplacer la tendre alternance des vagues par un bégaiement d'étincelles.

Non seulement le soleil défait ce qui est, le consomme et le consume littéralement, mais qui plus est, ce jour où Sartre décrit Venise, il se permet d'être absent, de se défiler. Ce qui fait que les choses ne sont plus elles-mêmes s'est lui-même absenté. L'opérateur de néantisation lui-même réduit à néant. Ainsi ce qui retient particulièrement Sartre en cette cité des Doges, c'est d'abord son extrême fragilité ontologique. Le philosophe en profite d'ailleurs pour nous fournir une splendide définition spatiale et situationnelle du néant tel qu'un sujet peut l'éprouver : que ce qui existe n'existe vraiment que là où vous n'êtes pas :

> [...] à Venise, rien n'est simple. Parce que ce n'est pas une ville, non : c'est un archipel. Comment pourrait-on l'oublier. De votre îlot vous regardez l'îlot d'en face avec envie : là-bas, il y a... quoi ? une solitude, une pureté, un silence qui n'est pas, vous en jureriez,

> de ce côté-ci. La vraie Venise, où que vous soyez, vous la trouvez toujours ailleurs. Pour moi, du moins, c'est ainsi. A l'ordinaire, je me contente plutôt de ce que j'ai ; mais à Venise, je suis la proie d'une espèce de folie jalouse ; si je ne me retenais pas, je serais tout le temps sur les ponts et sur les gondoles, cherchant éperdument la Venise secrète de l'autre bord. Naturellement, dès que j'aborde, tout se fane ; je me retourne : le mystère tranquille s'est reformé de l'autre côté. Il y a beau temps que je me suis résigné : Venise, c'est là où je ne suis pas.
>
> («Venise, de ma fenêtre»)

L'être, c'est l'ailleurs, mais un ailleurs qui se dérobe si vous avez l'illusion de pouvoir le rejoindre. N'existe véritablement que le lieu où vous n'êtes pas encore, un lieu dont à tous les coups la réalité proprement vénitienne s'absentera au profit du lieu que vous venez de quitter si par fantaisie vous décidez de vous y rendre. A chaque instant la ville n'existe véritablement que dans le lieu que nous n'occupez pas. Tout le texte de Jean-Paul Sartre consacré à la cité des Doges prouve que pour lui Venise est le contraire même de toute certitude ontologique. Qu'est-ce finalement qu'un palais vénitien ? Une fragile émergence, une émersion momentanée, et même encore moins que cela, une apparition :

> Ces chalets princiers, en face de moi, ils *sortent* de l'eau, n'est-ce pas ? Impossible de croire qu'ils flottent : une maison, ça ne flotte pas. Ni qu'ils pèsent sur la lagune : elle s'enfoncerait sous leur poids. Ni qu'ils sont impondérables : on voit qu'ils sont de briques, de pierre et de bois. Alors ? Il faut bien qu'on les *sente* émerger ; les palais du Grand Canal, on les regarde de bas en haut et ça suffit pour qu'on découvre en eux une espèce d'élan figé qui est, si l'on veut, leur densité retournée, l'inversion de leur masse. Un rejaillissement d'eau prétrifiée : on dirait qu'ils viennent d'apparaître et qu'il n'y avait rien avant ces petites érections têtues. Bref, ce sont toujours un peu des *apparitions*. Une apparition, on devine ce que ce serait ; elle aurait lieu dans l'instant, elle en ferait mieux sentir le paradoxe : le pur néant subsisterait encore et pourtant déjà l'être serait là. Quand je regarde le palais Dario, penché de côté, qui semble jaillir de traviole, j'ai toujours le sentiment qu'il est là, oui, bien là, mais qu'en même temps, il n'y a rien. D'autant qu'il arrive parfois à la ville entière de disparaître.

Paradoxalement Venise n'existe que de toujours disparaître. Dans cette ville fantôme les palais «ont perdu cette brutalité naïve de la présence, cette sotte et péremptoire suffisance de la chose qui est là et qu'on ne *peut pas nier*». Comment ne pas s'apercevoir que l'existentialisme sartrien est irrésistiblement attiré par ces espaces douteux et ambigus où la présence se dérobe ? J'en retiens pour l'instant que Sartre est littéralement envoûté par cette très subtile déperdition d'être qui s'opère quotidiennement à Venise. Ainsi c'est sur fond de néant que s'enlèveront dans la Sérénissime les fragiles clignements, clignotements de l'être. On a trop souvent perçu l'existentialisme comme une espèce de surgissement massif et nauséeux de ce qui est, un monstrueux déferlement de l'être dans ses figurations les plus lourdement charnelles et matérielles : la trop fameuse racine de marronnier. Ne faudrait-il pas voir dans cette excessive érection de l'être (volontariste et parfois presque caricaturale) une véritable dénégation de son absence ? Sartre magnifiant alors, surchargeant la présence pour ne pas savoir (pour oublier ?) que le non-être constitue de toute façon l'indépassable vérité du monde. C'est-à-dire qu'illusionnés et dupés par la présence trop «réaliste» de l'être, nous avons tendance à oublier que la philosophie sartrienne est avant tout d'une essentielle négativité ontologique. A l'origine du texte sartrien il y a sans doute plus une angoisse de l'absence qu'une nausée de la présence. En fait ce qui risque de manquer l'emporte sur ce qui s'impose, trop massivement d'ailleurs pour ne pas être interprété comme une dénégation. Venise n'aura fasciné Sartre qu'à proportion que l'être n'y est qu'un accident fugitif, momentané, dérisoire : à peine perceptible dans ce milieu d'une fondamentale vacuité ontologique. Attiré par Venise comme par le «refoulé» de sa philosophie, il se voit insidieusement confirmer que ce qui semble être n'est pas vraiment.

Ce qui ne fait que corroborer l'aspect fondamentalement funèbre de Venise. Rien de plus banal que l'association de la cité des Doges à la mort et la Venise sartrienne n'échappe pas à la règle. Ainsi quand regardant les palais il a l'impression de ne voir que les plans et les esquisses tracés par leurs architectes :

> Le regard terne et faux de la mort a glacé ces mignonnes sirènes, les a figées dans une torsion suprême ; où que j'aille aujourd'hui, je suis sûr d'arriver cinq minutes trop tard sur les lieux et de n'y ren-

contrer que la mémoire impersonnelle du désastre, le ciel et l'eau encore rejoints qui se souviennent pour un instant encore d'une ville engloutie, avant de se défaire et de s'éparpiller en pure gerbe d'espace.

Venise ville-mémoire. Car elle se souvient plus d'elle-même qu'elle n'existe réellement :

> Le présent, c'est ce que je touche, c'est l'outil que je peux manier, c'est ce qui agit sur moi ou ce que je peux changer. Ces mignonnes chimères ne sont pas mon présent. Entre elles et moi, il n'y a pas de simultanéité. Il suffit d'un peu de soleil pour les changer en promesses, peut-être viennent-elles à moi du fond de l'avenir ; en certains matins de printemps je les ai vues s'avancer vers moi, jardin flottant, *autres* encore mais comme un présage, comme celui que je serai demain. Mais la clarté maussade de ce matin a tué les couleurs, les a murées dans leur finitude. Elles sont plates, inertes, la dérive les éloigne de moi. Certainement, elles n'appartiennent pas à mon expérience, elles surgissent très loin au fond d'une mémoire qui est en train de les oublier, une drôle de mémoire anonyme, la mémoire du ciel et de l'eau. A Venise, il suffit d'un rien pour que la lumière devienne regard. Cette imperceptible distance insulaire, ce décalage constant, il suffit qu'une lumière les enveloppe pour que cette lumière semble une pensée ; elle attise ou rature les sens épars sur les bouquets flottants de maisons ; ce matin, je lis Venise dans les yeux d'un autre, un regard vitreux s'est fixé sur le faux bosquet, il fane les roses en sucre candi, les lys en mie de pain trempée dans du lait, tout est sous globe, j'assiste à l'éveil d'un souvenir maussade. Au fond d'un regard ancien mon regard tente de repêcher des palais engloutis mais ne ramène que des généralités. Est-ce que je perçois ou est-ce que je me rappelle ? Je vois ce que je sais. Ou plutôt ce que sait déjà un autre. Une *autre* mémoire hante la mienne, les souvenirs d'un Autre surgissent en face de moi, envol figé de perruches mortes ; tout a un air las de déjà vu [...].

Autant de réflexions décisives dans notre perspective parce qu'elles montrent comment le passé, le souvenir et donc la mort, deviennent figures de l'altérité. L'autre revient comme la mort. Ce que je vois n'est perçu qu'à travers le regard vitreux, les yeux d'un autre. Ce que je vois est immédiatement séparé de moi-même par une distance mortifère. Car si on peut définir la Mort comme l'Autre absolu, en retour toute altérité contient déjà de la mort. Façon de dire que dans l'image – en tant qu'elle semble nécessairement médiatisée par l'autre, décalée dans son origine –, il y a toujours de la mort. L'image possèderait dès lors par elle-même un funèbre pouvoir de désappropriation. Il suffirait, à Venise mais aussi sans doute partout ailleurs, de regarder pour être entamé, pour que se déclenche le processus de la perte du propre. Malédiction originelle de l'image ne visant qu'à nous perdre.

La chair du miroir

Sartre est celui qui n'aura jamais de toute sa vie rejoint son propre reflet. De fait l'expérience du miroir, en tant qu'épreuve profondément angoissante et défaillante de la reconnaissance identitaire, est fondatrice de tout le corpus sartrien. Comment ne pas citer intégralement — puisqu'aussi bien tout Sartre s'y donne à voir en ne se voyant pas — ces pages de *La nausée* où Roquentin se découvre dans son miroir ?

> J'éteins ; je me lève. Au mur, il y a un trou blanc, la glace. C'est un piège. Je sais que je vais m'y laisser prendre. Ça y est. La chose grise vient d'apparaître dans la glace. Je m'approche et je la regarde, je ne peux plus m'en aller.
>
> C'est le reflet de mon visage. Souvent, dans ces journées perdues, je reste à le contempler. Je n'y comprends rien, à ce visage. Ceux des autres ont un sens. Pas le mien. Je ne peux même pas décider s'il est beau ou laid. Je pense qu'il est laid, parce qu'on me l'a dit. Mais cela ne me frappe pas. Au fond je suis même choqué qu'on puisse lui attribuer des qualités de ce genre, comme si on appelait beau ou laid un morceau de terre ou bien un bloc de rocher.
>
> Il y a quand même une chose qui fait plaisir à voir, au-dessus des molles régions des joues, au-dessus du front : c'est cette belle flamme rouge qui dore mon crâne, ce sont mes cheveux. Ça, c'est agréable à regarder. C'est là, dans la glace, ça se fait voir, ça rayonne. J'ai encore de la chance : si mon front portait une de ces chevelures ternes qui n'arrivent pas à se décider entre le châtain et le blond, ma figure se perdrait dans le vague, elle me donnerait le vertige.
>
> Mon regard descend lentement, avec ennui, sur ce front, sur ces joues : il ne rencontre rien de ferme, il s'ensable. Evidemment, il y a là un nez, des yeux, une bouche, mais tout ça n'a pas de sens, ni même d'expression humaine. Pourtant Anny et Vélines me trouvaient l'air vivant ; il se peut que je sois trop habitué à mon visage. Ma tante Bigeois me disait, quand j'étais petit : «Si tu te regardes trop longtemps dans la glace, tu y verras un singe». J'ai dû me regarder encore plus longtemps : ce que je vois est bien au-

dessous du singe, à la lisière du monde végétal, au niveau des polypes. Ça vit, je ne dis pas non ; mais ce n'est pas à cette vie-là qu'Anny pensait : je vois de légers tressaillements, je vois une chair fade qui s'épanouit et palpite avec abandon. Les yeux surtout, de si près, sont horribles. C'est vitreux, mou, aveugle, bordé de rouge, on dirait des écailles de poisson.

Je m'appuie de tout mon poids sur le rebord de faïence, j'approche mon visage de la glace jusqu'à la toucher. Les yeux, le nez et la bouche disparaissent : il ne reste plus rien d'humain. Des rides brunes de chaque côté du gonflement fiévreux des lèvres, des crevasses, des taupinières. Un soyeux duvet blanc court sur les grandes pentes des joues, deux poils sortent des narines : c'est une carte géologique en relief. Et, malgré tout, ce monde lunaire m'est familier. Je ne peux pas dire que j'en *reconnaisse* les détails. Mais l'ensemble me fait une impression de déjà vu qui m'engourdit : je glisse doucement dans le sommeil.

Je voudrais me ressaisir : une sensation vive et tranchée me délivrerait. Je plaque ma main gauche contre ma joue, je tire sur la peau ; je me fais la grimace. Toute une moitié de mon visage cède, la moitié gauche de la bouche se tord et s'enfle, en découvrant une dent, l'orbite s'ouvre sur un globe blanc, sur une chair rose et saignante. Ce n'est pas ce que je cherchais : rien de fort, rien de neuf ; du doux, du flou, du déjà vu ! Je m'endors les yeux ouverts, déjà le visage grandit, grandit dans la glace, c'est un immense halo pâle qui glisse dans la lumière...

Ce qui me réveille brusquement, c'est que je perds l'équilibre. Je me retrouve à califourchon sur une chaise, encore tout étourdi. Est-ce que les autres hommes ont autant de peine à juger de leur visage ? Il me semble que je vois le mien comme je sens mon corps, par une sensation lourde et organique.

[...] Peut-être est-il impossible de comprendre son propre visage. Ou peut-être est-ce parce que je suis un homme seul ? Les gens qui vivent en société ont appris à se voir, dans les glaces, tels qu'ils apparaissent à leurs amis. Je n'ai pas d'amis : est-ce pour cela que ma chair est si nue ? On dirait — oui, on dirait la nature sans les hommes.

Pas de texte plus paradigmatique de l'imaginaire sartrien : il devrait figurer en tête de chacune des analyses qu'on lui consacre, qu'elles portent sur le corpus romanesque ou sur l'œuvre philosophique. Se regardant longuement dans la glace, le sujet médusé assiste à l'obscène remontée d'une chair qui est en-deçà du sens, à un retour littéralement insignifiant de l'organique et même de l'inorganique, du géologique, du primitif, à une montée de l'aquatique dans le reflet du visage. «Ecailles de poisson» qui font de cette face immergée un espace abyssal et océanique comme dans l'expérience du miroir qui nous est racontée dans *Les mots* lorsque l'enfant, pour ne pas avoir été à la hauteur de l'image que se font de lui les adultes, va faire des grimaces devant la glace :

> Par torsion et plissement combinés, je décomposais mon visage ; je me vitriolais pour effacer mes anciens sourires.
>
> Le remède était pire que le mal : contre la gloire et le déshonneur, j'avais tenté de me réfugier dans ma vérité solitaire ; mais je n'avais pas de vérité : je ne trouvais en moi qu'une fadeur étonnée. Sous mes yeux, une méduse heurtait la vitre de l'aquarium, fronçait mollement sa collerette, s'effilochait dans les ténèbres. La nuit tomba, des nuages d'encre se diluèrent dans la glace, ensevelissant mon ultime incarnation. Privé d'alibi, je m'affalai sur moi-même. Dans le noir, je devinais une hésitation indéfinie, un frôlement, des battements, toute une bête vivante — la plus terrifiante et la seule dont je pusse avoir peur. Je m'enfuis, j'allai reprendre aux lumières mon rôle de chérubin défraîchi. En vain. La glace m'avait appris ce que je savais depuis longtemps : j'étais horriblement naturel. Je ne m'en suis jamais remis.

A chaque fois une inéluctable remontée du monde marin dans l'image reflétée. Après le vitreux et les écailles de poisson de *La nausée*, ici la vitre de l'aquarium et la méduse, tout comme le regard de l'autre, c'est-à-dire autrui comme miroir de moi-même, est marécage dans *Huis clos* :

> Va-t-en ! Tu me dégoûtes encore plus qu'elle ! Je ne veux pas m'enliser dans tes yeux. Tu es moite ! Tu est molle ! Tu es une pieuvre, tu es un marécage.

Chez Sartre l'expérience réflexive possède toujours un caractère proprement — et irréversiblement — insensé [8] : «L'épreuve du miroir comme un naufrage : l'écran de verre qui s'abîme au vertige de ses profondeurs océanes ; la vitre heurtée du miroir qui écarte ses eaux pour ensevelir l'image, endeuiller son reflet ; le derme cristallin qui se trouble et s'enténèbre de nuit. Comme si l'œil de glace, à s'être démesurément écarquillé, avait chaviré dans la flaque noire d'une pupille dilatée. Comme si le miroir s'était noyé dans son tain.

8. Comme l'a démontré Dolorès Rogozinski dans «Le clin du mur», *Revue des Sciences Humaines*, n° 181, 1981. Une étude décisive et fondatrice dans notre perspective puisqu'elle fait miroiter le corps et le corpus sartriens.

Et puis, échouée là, dans la pénombre angoissée d'une chambre, la chair mouvante d'un mollusque maritime qui garderait quelque chose de la transparence irisée du miroir. L'image crevée, la bête excavée de sa coque – gelée molle d'une enveloppe charnelle qui empoisse et englue – ne demeure que l'en-trop résiduel d'un corps, son écœurante intimité [...]. Ce qui, en ce «tout-autre», tapi dans la proximité du même, s'apprête à chavirer vers le rebord abyssal de l'hétérogène, témoignant ainsi de cette horreur : l'insignifiance de l'être, sa naturalité morne, l'irréductible contingence d'une chair non informée par le sens». A chaque fois l'expérience du miroir est régressive. Le sujet déchoie dans le miroir, il y devient son propre déchet. Du sujet qui se regarde, le miroir ne fait revenir que sa chair étrangère à ses propres yeux. Il fait chuter celui qui s'y contemple dans sa corporéité la plus nauséeuse. Le supplice réflexif comme immonde retour du corps. Surface glauque et marécageuse, le miroir est toujours prêt à vous aspirer, à vous engloutir : «Vous ne tombez pas dans le miroir ; toujours, pour Sartre, vous y sombrez littéralement, vous y coulez» («Le clin du mur»). La glace comme opérateur d'engloutissement et de dilution. L'expérience spéculaire est une noyade. Tout reflet du sujet est abyssal : «J'ai l'impression, en voyant mon ombre à mes pieds se fondre dans les ténèbres, de plonger dans une eau glacée» *(La nausée)*. Se regarder dans un miroir en milieu sartrien, c'est une *immersion périscopique* : on se voit encore, trouble et glauque, mais on a déjà plongé. Plus précisément encore : me voir dans le miroir m'y fait plonger dans ses profondeurs abyssales.

Mais quelle est donc cette bête immonde qui se met à me regarder quand je me reflète dans le miroir ? Quel est l'ignoble mollusque marin qui me fait de l'œil lorsque je me dévisage ? Qu'est-ce qui me sépare de moi-même dans l'expérience réflexive ? Soit ce passage de *L'âge de raison*, au moment où Mathieu vient d'apprendre que Marcelle, sa maîtresse, est enceinte : il n'a alors d'autre désir que de la faire avorter. Il est au café :

> Le patron rinçait des verres, le receveur sifflotait. Mathieu était content parce qu'ils le regardaient de temps à autre. Il vit sa tête dans la glace, elle émergeait blême et ronde d'une mer d'argent : chez Camus, on avait toujours l'impression qu'il était quatre heures

du matin à cause de la lumière, une buée argentée qui tirait les yeux et blanchissait les visages, les mains, les pensées. Il but. Il pensa : «Elle est enceinte. C'est marrant : je n'ai pas l'impression que c'est vrai». Ça lui paraissait choquant et grotesque, comme quand on voit un vieux et une vieille qui s'embrassent sur la bouche : après sept ans ces trucs-là ne devraient pas arriver. «Elle est enceinte». Dans son ventre, il y avait une petite marée vitreuse qui gonflait doucement, à la fin ça serait comme un œil : «Ça s'épanouit au milieu des cochonneries qu'elle a dans le ventre, c'est vivant». Il vit une longue épingle qui avançait en hésitant dans la pénombre. Il y eut un bruit mou et l'œil éclata, crevé : il ne resta plus qu'une membrane opaque et sèche. «Elle ira chez cette vieille ; elle va sa faire charcuter». Il se sentait vénéneux.

Glissement du visage (blanchâtre) reflété dans la glace à l'œil dans la matrice, qui s'effectue par la médiation des métaphores aquatiques de la mer et de la marée vitreuse. Etroite correspondance de l'œil crevé et de l'avortement comme dans *La nausée* lorsque Roquentin, après s'être une fois de plus englué au miroir et avoir finalement échappé à son image, se souvient d'un montagnard rencontré dans une ruelle de Meknès :

> Du montagnard, je ne vois plus qu'un gros œil crevé, laiteux. Cet œil-là est-il même bien à lui ? Le médecin qui m'exposait à Bakou le principe des avortoirs d'Etat, était borgne lui aussi et, quand je veux me rappeler son visage, c'est encore ce globe blanchâtre qui paraît. Ces deux hommes, comme les Normes, n'ont qu'un œil qu'ils se passent à tour de rôle.

Toujours une même constellation qui associe l'œil et le fœtus, le borgne et l'avortement, l'antre matriciel et les glauques profondeurs sous-marines. Et l'on pourrait aisément montrer que dans le texte sartrien la maternité, toujours révulsive, a le même pouvoir que le reflet dans le miroir de suggérer des images aquatiques et repoussantes (dans *L'âge de raison*, Marcelle enceinte, c'est un «marécage» ; dans *Le sursis*, lorsqu'elle est avec Daniel : «Ça ne devrait pas être permis d'avoir l'air enceinte à ce point-là. L'air était moite, un peu fiévreux, des odeurs y flottaient par paquets chevelus comme des algues»). Etroite intimité du miroir et de la maternité, de l'image et de la gestation :

> Ceux qui ont décidé gravement d'être pères et qui se sentent des géniteurs, quand ils regardent le ventre de leur femme, est-ce qu'ils

> comprennent mieux que moi ? Ils y sont allés à l'aveuglette, en trois coups de queue. Le reste c'est du travail en chambre noire et dans la gélatine, comme la photographie. Ça se fait sans eux.
>
> (*L'âge de raison*)

Vous avez sans doute déjà compris que ce qui revient dans le miroir quand le sujet masculin se risque à s'y refléter, c'est la femme-mère, la femme en tant qu'elle est toujours une mère en puissance (sa propre part de féminité en tant qu'il la refuse violemment ?). Est-il besoin de préciser que le vitreux, le glauque, le visqueux, le mollusque sont bien évidemment toujours du côté du matriciel ? Soit «L'Ange du morbide», un texte écrit par Sartre alors qu'il n'a que dix-sept ans, petite nouvelle facile à résumer. Un jeune professeur de littérature, parfaitement médiocre, va passer ses vacances dans les Vosges à proximité d'un sanatorium. Pour nourrir ses rêves décadents et morbides, il lui prend la fantaisie de «draguer» une jeune phtisique. L'occasion se présente, mais chaque fois qu'il se montre plus pressant, la belle malade refuse ses avances. Un jour il s'enhardit et la saisit brutalement dans ses bras. Elle est alors prise d'une violente quinte de toux que Sartre décrit comme l'exacte transposition d'une jouissance : «Elle toussait à côté de lui, elle toussait d'une toux grasse qui commençait par un raclement insupportable de gosier pour finir en un clapotis glaireux, comme le bruit que ferait une vague de vaseline claquante ou une méduse s'écrasant sur du marbre». La méduse déjà associée, dès ce texte de jeunesse, à la jouissance de la femme, à son sexe.

Profondeurs aquatiques du marécage et gouffres abyssaux de la mer, poissons et méduses, ce qui méduse le sujet se regardant, c'est que le miroir ne lui donne à voir que l'obscénité de sa féminité, le montre féminisé. A partir du corpus sartrien qui ne fait à cet égard que reproduire et répercuter les plus anciens schèmes culturels de la différence sexuelle (le mâle du côté du moule, du patron ; la femelle du côté de la matière, informe et informelle), on pourrait écrire un véritable traité de conchyologie sexuelle : l'homme est la coquille dure et résistante alors que la femme est le mollusque mou. Voyant danser Ivich, Mathieu dans *L'âge de raison* se dit qu'«elle n'a pas de coquille». Toujours dans la même perspective il me semble particulièrement significatif que le sujet qui a le plus de problèmes avec le miroir dans la trilogie des *Chemins de la liberté* (le miroir réel, mais aussi l'image qu'il se fait de lui-même quand il se reflète intérieurement et l'image que les autres se font de lui et lui renvoient) n'est autre que Daniel, l'homosexuel qui finit par épouser Marcelle (féminités qui se ressemblent en dépit de ses dénégations et donc s'assemblent), toujours à la recherche de son introuvable identité parce qu'inacceptable à ses propres yeux. Que notre lecteur prenne la peine de se reporter à ce passage décisif du *Sursis* où Daniel vit fort douloureusement l'impossible articulation de l'*être* et du *regard* [9]. Sans commenter dans le détail un tel texte presque «délirant» dans ses multiples intrications fantasmatiques, on peut cependant esquisser à grands traits les principales lignes de force de son réseau imaginaire, extrêmement dense et complexe :

– Et d'abord comment ne pas remarquer l'insistance de toute l'imagerie de la chute dans les profondeurs sous-marines ici liée à la rencontre de l'araignée de mer qui enrichit le bestiaire marin du corpus sartrien. Et se rappeler au passage la petite crise délirante qui frappe Sartre peu avant sa trentième année telle que nous la raconte Simone de Beauvoir :

> En fin d'après-midi, comme nous en étions convenus, je téléphonai à Sainte-Anne : Sartre me dit d'une voix brouillée que mon appel l'arrachait à un combat contre des pieuvres où certainement il n'aurait pas le dessus. On l'avait étendu sur un lit, dans une chambre faiblement éclairée ; il n'avait pas eu d'hallucinations ; mais les objets qu'il percevait se déformaient d'une manière affreuse : il avait vu des parapluies-vautours, des souliers-squelettes, de monstrueux visages ; et sur ses côtés, par derrière, grouillaient des crabes, des poulpes, des choses grimaçantes [...].
>
> Il lui arrivait, depuis quelques jours, d'être en proie à l'angoisse ; les états où il tombait rappelaient ceux où l'avait plongé la mescaline, et il s'en effrayait. Ses perceptions se déformaient ; les maisons avaient des visages grimaçants, avec partout des yeux et des mâchoires ; [...] on ne pouvait pas dire qu'il y croyait, mais un jour il allait y croire ; un jour, il serait vraiment convaincu qu'une langouste trottinait derrière lui.
>
> (*La force de l'âge*)

Si l'on mentionne en outre ce Tribunal de Crabes que «Frantz, dans *Les Séquestrés d'Altona*, prétend ériger face au

9. Très précisément aux pages 849 à 852 de l'édition des *Œuvres romanesques* de Jean-Paul Sartre à la Bibliothèque de la Pléiade.

vide de son remords» [10], il devient incontestable que c'est toujours sous la forme de la faune sous-marine que se manifeste chez Sartre et chez ses personnages l'angoisse, en particulier lorsque le sujet, tel Daniel, connaît de sérieux problèmes d'identité. Perturbation qui se traduit en un révulsant bestiaire marin dont nous avons déjà appris qu'il constitue ce qui du sujet apparaît à lui-même, ce qu'il en reste quand il se regarde dans le miroir. Parallèlement remarquez la prégnance de la thématique du plongeur et ses efforts désespérés pour remonter à la surface. A chaque fois la crise d'introspection, lorsque le sujet s'épuise à atteindre son identité proprement insondable, s'abîme en une sorte de plongée océanique.

– Que désire avant tout l'homosexuel ? Eteindre le regard intérieur pour coïncider avec l'image que les autres se font de lui. Enfin arrêter de se refléter intérieurement, de se regarder pour ne plus être coupé en deux, pour se recueillir et s'ajuster avec lui-même. Se reconnaître moralement tel qu'on est, être sans réserve ce qu'on est, implique de ne plus se voir, de fermer les yeux. L'éthique comme problème d'optique. Jusqu'à la tentation de supprimer la vue : ou en fixant, en fascinant le regard sur un seul objet, c'est-à-dire en l'hypnotisant, ou en baissant les paupières, en devenant aveugle. «*Etre*. Dans le noir, à l'aveuglette». Valeur ontologique de l'aveuglement : il constituerait en dernière instance le plus

10. Comme le remarque Dolorès Rogozinski qui évoque également «cette main-crabe de Roquentin que celui-ci ira frapper d'un coup de canif» et le «crabe de bronze qui glisse furtivement entre les pages des *Chemins de la liberté*» : «crustacé maléfique dont Sartre, dans sa vie et son œuvre, n'en finira pas de dégrafer le hideux cramponnement». Plus significative encore cette scène de *La nausée* où Roquentin, sortant du restaurant, n'a pas besoin de se retourner pour savoir que les autres le regardent à travers la vitre :

> Tout d'un coup, j'ai perdu mon apparence d'homme et ils ont vu un crabe qui s'échappait à reculons de cette salle si humaine.

Et comment ne pas songer également à ces monstres que Sartre enfant rencontre dans ses fabulations romanesques quand ses personnages affrontent de terribles dangers sous-marins :

> Ce qui venait alors sous ma plume – pieuvre aux yeux de feu, crustacé de vingt tonnes, araignée géante et qui parlait – c'était moi-même, monstre enfantin, c'était mon ennui de vivre, ma peur de mourir, ma fadeur et ma perversité. Je ne me reconnaissais pas : à peine enfantée, la créature immonde se dressait contre moi, contre mes courageux spéléologues, je craignais pour leur vie, mon cœur s'emballait, j'oubliais ma main, traçant les mots, je croyais les lire.
>
> (*Les mots*)

sûr fondement de l'existence [11]. Autant se rendre compte que bien avant sa cécité Jean-Paul Sartre avait déjà fabulé que ne plus y voir ne comportait pas que des désavantages...

– De telle sorte que Daniel, se percevant et se séparant de lui-même comme image (puisque se regardant, puisque regardé par les autres), se vit, s'éprouve comme plaie béante. Plus radicalement c'est l'image elle-même, dans la mesure où son surgissement suffit à diviser le sujet en lèvres écartées, qui est blessure sanglante. D'où cette volonté acharnée de chasser

---

Passage d'autant plus intéressant qu'il suggère une sorte d'horrible autoportrait céphalopodique ou décapodique de l'écrivain, nouvelle figure zoologique des profondeurs sous-marines. Et l'on ne s'étonnera pas dans ces conditions de voir figurer de pareilles créatures au tout premier rang des dégoûts gastronomiques de Sartre qui n'a rien d'un «autophage». Quand Simone de Beauvoir lui demande quelles sont, dans le domaine de la nourriture, ses plus grandes répugnances (à part la tomate !), il s'empresse de répondre : «Les crustacés, les huîtres, les coquillages» (*Entretiens avec Jean-Paul Sartre*, publiés à la suite de *La cérémonie des adieux*). L'écrivain justifie un tel dégoût en expliquant qu'il s'agit d'«une forme quasi végétative de l'existence. C'est de l'organique en train de naître, ou qui n'a de l'organique que ce côté un peu répugnant de chair lymphatique, d'étrange couleur, de trou béant dans la chair». D'une certaine façon on ne saurait être plus explicite pour désigner l'aspect sexuel, matriciel et génétique de l'huître associée au glaireux et au visqueux, de cette chair blanche qui est de l'organique en train de naître. Il devient donc évident que l'huître, ce coquillage en apparence si inoffensif, représente en quelque sorte pour Sartre une figuration, une condensation imaginaires de son rapport extrêmement problématique à sa propre image en tant qu'elle manifeste toujours une «régression» féminine de son corps, amollit et empâte son identité. Nul hasard en fait si le livre lui-même devient huître :

> Quelquefois je m'approchais pour observer ces boîtes qui se fendaient comme des huîtres et je découvrais la nudité de leurs organes intérieurs, des feuilles blêmes et moisies, légèrement boursouflées, couvertes de veinules noires, qui buvaient l'encre et sentaient le champignon.
>
> (*Les mots*)

Et du livre-huître à l'écrivain-huître, il n'y a pas loin comme le formule explicitement une variante du manuscrit :

> [...] un écrivain, cela s'ouvre comme une huître, cela repose à plat sur la table et cela se regarde de haut.

Il resterait donc tout un travail à mener, nullement thématique mais véritablement «textanalytique» (au sens qu'à donné Jean Bellemin-Noël à ce terme), sur ce *devenir-huître* de Sartre qui constitue une dimension fondamentale (une représentation privilégiée) de son imaginaire.

11. Il faut fortement souligner le caractère pour le moins paradoxal d'une telle valeur métaphysique de l'aveuglement dans le cadre d'une réflexion phénoménologique qui privilégie systématiquement le regard : un psychanalyste américain n'aurait-il pas dénombré 7000 indications de regard dans l'œuvre de Sartre ? Mais si on prend au sérieux ce «désir» d'aveuglement qui affleure plus d'une fois dans sa vie et son œuvre, n'est-on pas amené à risquer une hypothèse «vertigineuse» qui renverserait complètement nos habituelles lectures : la posture phénoménologique telle une immense dénégation puisqu'en dernière instance il s'agirait d'y voir le moins possible. La phénoménologie comme dénégation d'un désir de cécité ?

les images pour enfin se retrouver, récupérer son identité. Est-il abusif d'affirmer qu'en milieu sartrien tout notre malheur viendrait des images ?

Dans ces conditions, si l'épreuve du miroir est aussi menaçante, c'est parce qu'elle remet en question l'identité sexuelle de celui qui se regarde, de façon nettement plus éprouvante encore lorsqu'il est homosexuel. Se voir, se décevoir dans le miroir chez Sartre déstabilise nécessairement l'identité sexuelle de celui qui s'y mire à ses risques et périls.

Visage/Figure

Après une telle mise en scène essentiellement descriptive et citationnelle de l'épreuve du miroir, peut-être est-il désormais possible d'esquisser une analyse un peu plus explicative et théorique, à condition toutefois de se rappeler ce que nous montre Jean-Joseph Goux lorsqu'il étudie le dispositif de la reproduction *à l'image et ressemblance du père*. Exemplairement l'apparent paradoxe de l'idéologie génésique des habitants des îles Trobriand : si la paternité physiologique est inconnue chez eux, si le rôle charnel du géniteur dans la fécondation est ignoré, cependant «suivant une affirmation constante des Trobriandais, et qui résiste à tous les démentis que la réalité sensible immédiate pourrait lui infliger, les enfants sont censés *ressembler* à leur père. Tandis que toute ressemblance avec la mère est énergiquement niée, et que la suggérer est considéré comme incongru, impoli et même carrément insultant. Ainsi les enfants sont formés *à l'image et ressemblance du père*, sans que celui-ci n'ait la moindre part physique reconnue dans la procréation ; tandis que la mère, qui est la génitrice reconnue de ses enfants, n'est censée entretenir avec eux aucune ressemblance» («Matière, différence des sexes», *in Matière et pulsion de mort*). Il s'opère ainsi une espèce de dédoublement de la filiation : l'empreinte (le modèle, le type, la forme, le patron) donnée par le père, la matière apportée par la mère. Une filiation formelle de la transmission de l'*eidos*, une filiation physiologique du don de la matière. Le père informe, la mère matérialise. Ne serait-ce pas justement cette différence fondamentale entre forme et matière que vient brouiller chez Sartre l'épreuve du miroir, vous privant de toute forme pour mieux vous précipiter dans la matière, au sens où Gilles Deleuze nous démontre que «portraitiste, Bacon est peintre de têtes et non de visages. Car le visage est une organisation spatiale structurée qui recouvre la tête, tandis que la tête est une dépendance du corps, même si elle en est la pointe» (*Logique de la sensation*). Autrement dit en milieu sartrien il suffirait de se regarder dans le miroir pour perdre son visage, pour ne plus avoir qu'une tête. Ou encore pour reprendre la distinction proposée par Jacques Cohen qui terminologiquement semble contredire le dispositif deleuzien, mais qui en fait rejoue exactement la même opposition : Sartre au miroir régresse de la figure du père au visage de la mère — alors que la genèse de la fonction symbolique, condition impérative de la logique de l'identité, suppose que «l'archie figurative du père ordonne l'anarchique visagéité de la mère» («Visage, figure», *in Du Visage*). Dualité du *visage* (maternel) et de la *figure* (paternelle) où se rejoue très évidemment l'opposition philosophique du sensible et de l'intelligible que n'efface nullement, mais relaie la médiation analytique. Dualité qui recoupe fort exactement le douloureux clivage de la face sartrienne telle qu'elle se dédouble et ne parvient jamais à s'ajointer quand il se regarde dans le miroir : quand il se contemple dans une glace, ou il est trop visage (du côté de la terre-mère), ou il est trop figure (uniquement dans une logique de la représentation-signification). A parler, à «traduire» le texte sartrien dans les termes de la typologie proposée par Jacques Cohen, on pourrait dire que chaque fois que la face est reflétée, le visage remonte massivement dans la figure, la déborde, la déforme, la dissout. Le visage (en tant que maternel, en tant que dissolution du principe même de la figuration puisque pré-identitaire) empêche le sujet de s'articuler dans l'ordre de la représentation, de se percevoir à distance comme figure, de se présenter à lui-même, de se saisir et se ressaisir par et dans le miroir. Chez Sartre, dès que reflétée la figure se défigure ; si je me dévisage, je redeviens visage et rien que visage : une angoissante montée du sensible qui me déborde irrésistiblement et me déforme complètement, une radicale impossibilité d'instaurer cette vision et cette scission spéculaires qui conditionnent mon existence identitaire, de pratiquer l'indispensable détour par la Loi du père et du miroir. Le visage ne parvient pas à se défasciner de lui-même pour devenir figure.

Si l'on définit la figure (paternelle et patérialiste) comme castration-sublimation du visage, force est de conclure qu'un sujet chez qui la castration n'a pas eu lieu n'aura pas vraiment de figure (à ses yeux), tout au plus un visage. Ou plus précisément verra toujours l'un revenir dans l'autre. En dépit de tous ses efforts il ne pourra jamais se constituer une image de lui-même telle qu'il pourrait pleinement s'y reconnaître, il ne parviendra jamais à se donner forme, à se figurer par le biais de l'expérience spéculaire. Jacques Cohen a raison de remarquer qu'en français il est strictement impossible de *se casser le visage* : «La figure, comme le pouvoir, peut se prendre... on peut, aussi, la renverser, la casser – on ne casse pas le visage – «se casser la figure», c'est, en tombant, perdre sa verticalité phallique, perdre son identité, son individualité. Vouloir «casser la figure» à quelqu'un, c'est vouloir briser l'image qu'il se fait de lui-même, c'est vouloir abolir la figure qu'il se donne, dans laquelle il s'est enfermé et qui le dessine comme une totalité imprenable et définitive». Il faut imaginer Sartre demeurant à ses propre yeux proprement infigurable. Or si ne parvient pas à s'effectuer cette «œdipianisation» du visage qui l'autoriserait à se figurer, peut-être est-ce l'ensemble de l'espace de la représentation (supposant nécessairement une spécularisation) qui demeurera interdit au sujet. Sans figure pas de passage possible à la figuration. Si je ne *suis* qu'un visage sans *avoir* de figure, pas de passage possible aux oppositions représentant/représenté, copie/modèle, etc. On comprend mieux dans ces conditions tout ce que peut avoir d'insupportable pour lui le portrait (figure de la figure, figure au carré) qui est son impossible même.

Des lors rien de plus paradoxal et de plus aporétique que la position de Sartre critique d'art s'il était celui qui ne saura jamais accéder à ce qui fait image, au dispositif symbolique de la production des images. Ne pouvant jamais s'approprier son double spéculaire en tant que figure distanciée et objectivée, ne pouvant jamais se rassembler et se ressembler, il ne saurait donc advenir à l'image dans la mesure où elle implique nécessairement l'écart de la réflexion. Il serait celui qui ne réussira jamais à vraiment accéder au figuratif.

La taie

Sartre publié par la Bibliothèque de la Pléiade qui a l'habitude de mettre sur ses jaquettes de couverture une petite photo d'identité de l'écrivain. Regardez un instant le volume consacré à ses œuvres romanesques et ayez l'indiscrétion de le dévisager avec attention comme Roquentin inspectant les portraits des notabilités bouvilloises du siècle dernier : dissymétrique et comme mutilé, le regard posthume qu'il vous adresse à l'orée même de son écriture avoue sa tare oculaire : une énorme taie mange l'œil droit [12], étrangement décalé et blanchi (tout lecteur de Sartre ayant déjà remarqué que le *blanchâtre* est chez lui une couleur particulièrement détestable). Un regard en porte-à-faux, qui n'est pas celui de tout le monde, qui attire l'œil : c'est justement ce regard qu'autrui voyait de lui quand on le regardait. Et qu'est-ce qu'une taie sinon une indécente insistance de la «chair», de la matière, en ce lieu du corps réputé être celui de la transparence ?

Sensibilité de Sartre aux difformités du regard. Nul hasard si visitant Naples l'impudique où la chair s'étale partout, il remarque particulièrement cette jeune fille qui marche au gros soleil :

> Tout son visage se contractait du côté gauche pour lutter contre l'éblouissement. Son œil gauche se fermait et sa bouche grimaçait : mais le côté droit était parfaitement immobile et avait l'air mort. Et son œil droit, grand ouvert, tout bleu, tout transparent, rayonnait, étincelait comme un diamant et renvoyait les rayons du soleil avec autant d'indifférence inhumaine qu'un miroir ou le carreau d'une fenêtre. C'était assez affreux mais d'une étrange beauté : c'est que l'œil droit était de verre. Ce n'est qu'à Naples que le hasard peut réussir ça : une fille crasseuse et éblouie avec une rutilante existence minérale au milieu de sa chair pauvre, comme si on lui avait arraché un œil pour la parer plus somptueusement. Et, de fait, je crois que, en dix jours, nous avons bien vu huit ou neuf Napolitains avec un œil en verre.
>
> (Dans une lettre à Olga, de l'été 1936)

Sans doute la mate opacité de la taie est-elle ici remplacée

12. «Depuis quelque temps, je porte sur l'œil droit la taie qui me rendra borgne et louche [...]» (*Les mots*). «Déjà [...] mon œil droit entrait dans le crépuscule» (*Ibid.*).

par le splendide étincellement du verre au soleil, mais n'en devient que plus atrocement voyante la facticité de la prothèse oculaire, que plus évidente l'asymétrie du regard, déséquilibré comme celui de Sartre. Et c'est pourquoi je ne connais pas de plus beaux, ni surtout de plus révélateurs portraits de Sartre que le tryptique du Ruth Francken (de la série «Mirrorical return», 1979. Collection Sonja Henie Nils Onstad Foundation, Hovikodden, Norvège), qui conduit jusqu'à ses dernières conséquences le clivage optique du regard sartrien : le visage est carrément coupé en deux, l'artiste ayant complètement effacé le côté gauche pour ne laisser subsister que la partie droite de la face, très pâle où surgit, plus foncé et scandaleusement visible, l'œil mort.

Qu'est-ce qu'une taie sinon ce qui coupe, ce qui sépare le sujet de sa propre image comme le suggère le petit «délire» verbal de Philippe dans *Le sursis*, alors qu'il est complètement perdu et déboussolé, tentant désespérément de se récupérer à ses propres yeux :

> Il se vit rire dans la glace et ça le fit rire. Au dernier coup de dix heures, il se lèverait, il arracherait son image à la glace et le martyre commencerait. Pour l'instant il se sentait plutôt gai, il considérait sa situation en dilettante. Le café était hospitalier, c'était Capoue, la banquette était molle comme un matelas de plumes, il était enfoncé dedans, une petite musique venait de derrière le comptoir et aussi un bruit de vaisselle qui lui rappelait les cloches des vaches à Seelisberg. Il se voyait dans la glace, il aurait pu rester assis à se regarder et à écouter cette musique pendant une éternité. A dix heures. Il se lèverait, il prendrait son image avec les mains, il l'arracherait à la glace comme une peau morte, comme une taie à un œil. *Les glaces opérées de la cataracte...*
>
> Cataractes du jour.
>
> Dans les glaces opérées de la cataracte.
>
> Ou bien :
>
> Le jour s'engouffre en cataracte dans la glace opérée de la cataracte.
>
> Ou encore :
>
> Niagara du jour en cataracte dans la glace opérée de la cataracte.
>
> Les mots tombèrent en poudre et il s'accrocha au marbre froid, le vent m'emporte, il y avait ce goût d'alcool poisseux dans sa gorge. LE MARTYR. Il se regarda dans la glace, il pensa qu'il regardait le martyr ; il se fit un sourire et un salut. «Dix heures moins dix, ha ! pensa-t-il avec satisfaction, je trouve le temps long». Cinq minutes de passées, une éternité. Encore deux éternités, sans bouger,

sans penser, sans souffrir, à contempler le beau visage émacié du martyr et puis le temps s'engouffrera en mugissant dans un taxi, dans le train, jusqu'à Genève.

Ataraxie.

Niagara du temps.

Niagara du jour.

Dans les glaces opérées de la cataracte.

Je m'en vais en taxi.

A Gauburge, à Bibracte.

Dont acte, dont acte !

Dont cataracte.

Quelle curieuse idée que de vouloir opérer une glace de la cataracte (cette affection de l'œil aboutissant à l'opacité du cristallin) ! Qui n'a d'autre sens que d'indiquer que la glace elle-même est malade de celui qui s'y mire, troublée par son image dès lors que le reflet du sujet dans le miroir se chosifie pathologiquement, ne renvoyant de lui que cette part d'hétérogène qui le rend méconnaissable à ses propres yeux. Son image spéculaire telle une peau morte, pellicule embrumée et opaque : déchet du sujet et non son double réflexif. Symptomatique équivalence donc de l'image douloureuse de soi-même qu'il faudra bientôt emporter, de la taie sur l'œil et de la cataracte sur la glace. Comme si retrouver une image propre de soi-même, arracher la taie et opérer la glace de la cataracte représentaient finalement un seul et même objectif, désir sans aucun doute irréalisable. Si bien qu'il s'en faudra toujours d'une taie pour que je puisse me reconnaître dans l'abjecte image de moi-même [13].

---

13. Si on désirait instruire plus exhaustivement la question, il ne faudrait pas manquer de remarquer que de semblables épisodes proprement ophtalmologiques sont en fait fort nombreux dans le corpus sartrien. Et comment ne pas mentionner, parce que particulièrement drôle et spectaculaire, ce moment du *Sursis* où Philippe, à la recherche d'un hôtel, démétaphorise allègrement les images si banales d'un hôtel borgne ou d'une maison louche ? :

> Un crevé de lumière, sur sa droite, un hôtel. Le garçon se tenait sur le seuil ; il louchait ; «Est-ce qu'il me regarde ?» Philippe ralentit sa marche mais il fit un pas de trop, il dépassa la porte, le garçon devait loucher dans son dos à présent ; décemment, il ne pouvait plus revenir sur ses pas. Le sommelier louche ou le duel des Cyclopes. Ou encore ceci : une sale histoire pour le cyclope. Il se regarde dans la glace, un beau jour, parce que ça le démange au-dessus des pommettes : un autre œil vient de lui pousser à côté du premier ! Quel désespoir ! Impossible de leur faire faire des manœuvres d'ensemble, bien entendu, le premier était resté trop longtemps seul, il faisait bande à part.

Convient-il après tout d'accorder une telle importance à un si minime accident physiologique du corps de l'écrivain, si évidemment dérisoire par rapport à l'ampleur de ses visées métaphysiques ? C'est Sartre lui-même qui nous invite à pratiquer une telle lecture de son corpus dès lors que dans ses *Carnets*, il construit une véritable biographie de l'empereur Guillaume en conférant un rôle moteur, si je puis dire, à l'atrophie congénitale de son bras gauche, — ne manquant pas de mentionner au passage la fonction déterminante de son œil éteint :

> [...] notons ici que l'homme qui va régner est un infirme. Il a un bras atrophié. Je voudrais attirer l'attention sur ce que cette infirmité n'est en aucune façon comparable à d'autres infirmités physiologiquement comparables qui peuvent se produire chez des *sujets* ou des *citoyens libres*. Pour le futur citoyen libre, l'infirmité est saisie comme un empêchement indéterminé qui supprime une catégorie mal recensée de possibilités. Mais, en même temps qu'il les supprime, il oriente, en tant qu'il est saisi et transcendé, vers d'autres possibilités. Ma manière *d'être mon bras atrophié*, c'est à la fois de me détourner de la carrière militaire, de renoncer aux sports, peut-être même de mépriser les sports et de m'élancer par-delà cette infirmité vers l'étude, les professions libérales, l'art, etc. Ma manière à moi d'être mon œil mort c'est certainement de vouloir être aimé par séduction d'esprit, de refuser un abandon qui ne siérait pas, comme aussi bien de refuser d'assister aux séances d'anaglyphes et de regarder dans les stéréoscopes. Je ne *suis* cet homme à l'œil éteint que lorsque je le suis librement. Et je le suis dans la mesure où je me choisis par-delà cet œil éteint.

Par-delà, c'est pour le moins à vérifier quand on s'aperçoit à quel point la question de la vue (et plus généralement celle de la laideur qui lui est connexe [14]) ne cesse d'obséder

14. Rien de plus banal que de rappeler que bien des personnages sartriens, de Roquentin à Mathieu, souffrent de leur laideur. Et Sartre lui-même ne manque jamais une occasion de rappeler sa propre laideur, par exemple dans ses *Entretiens* avec Simone de Beauvoir : «Moi, je ne me suis jamais senti plaisant à voir». Expliquant de la sorte pourquoi il refuse de se faire aider, de demander un service à autrui, par exemple son chemin à un passant :

> Parce que ça s'est lié à une représentation de moi-même ; je pensais n'être pas agréable physiquement, aux gens. C'est peut-être là que s'est réfugié le sentiment d'être laid, dont je ne me suis pas beaucoup soucié, quoiqu'il existât.

Tout au long de ses *Entretiens* l'écrivain insiste très fortement sur sa laideur vécue comme une impossibilité d'être bien dans sa peau ; et quand Simone de Beauvoir le comportement et le corpus sartriens où la relation à autrui en passe toujours par le *regard*, aussi bien dans l'écriture romanesque que dans la théorisation philosophique sans omettre non plus l'attitude de Jean-Paul Sartre dans son vécu quotidien. Ne se définit-il pas dans ses *Carnets* comme un être «social et comédien [...] simplement pour refléter dans les yeux d'autrui une figure nette» ? Toute la démarche sartrienne ne consisterait-elle pas à enfin obtenir d'autrui une image *nette* de lui-même, cette figure que lui refuse obstinément son miroir ?

Rien de plus scopique que la topique sartrienne des rapports à autrui fondés sur une absolue prééminence du regard dans l'intersubjectivité, comme le remarque Lacan qui ne manque pas de se référer à Sartre lorsqu'il pose le problème *Du regard comme objet petit a* :

> Sartre, dans un des passages les plus brillants de *l'Etre et le Néant*, le fait entrer en fonction dans la dimension de l'existence d'autrui. L'autrui resterait suspendu aux conditions mêmes, partiellement irréalisantes, qui sont, dans la définition de Sartre, celles de l'objectivité, s'il n'y avait le regard. Le regard, tel que le conçoit Sartre, c'est le regard dont je suis surpris – surpris en tant qu'il change toutes les perspectives, les lignes de force, de mon monde, qu'il l'ordonne, du point de néant où je suis, dans une sorte de réticulation rayonnée des organismes. Lieu du rapport de moi, sujet néantisant, à ce qui m'entoure, le regard aurait là un tel privilège qu'il irait jusqu'à me faire scotomiser, à moi qui regarde, l'œil de celui qui me regarde comme objet. En tant que je suis sous le regard, écrit Sartre, je ne vois plus l'œil qui me regarde, et si je vois l'œil, c'est alors le regard qui disparaît.
>
> (*Séminaire, Livre XI*
> *Les quatre concepts fondamentaux de la psychanalyse*)

---

lui fait remarquer qu'il n'est pas plus laid que la majorité des hommes, il répond brutalement et péremptoirement :

> Si, parce que je louche.

Inutile donc de s'interroger très subjectivement (et/ou très partialement) sur la (prétendue) «laideur» de Sartre. Il est suffisant de constater que quant à lui il s'appréhende, se perçoit, se vit comme laid. Peut-être même a-t-il d'une certaine façon décidé de se construire et de se projeter à autrui comme laid, hypothèse que tendrait à confirmer la façon qu'il a d'associer sa laideur (par l'intermédiaire d'une fille qui l'avait traité de «vilain sot») au remariage de sa mère. Et si sa laideur (en somme choisie, réclamée et revendiquée même) constituait une sorte de figuration à la fois physique et fantasmatique de sa coupure d'avec la mère ? Que nous sommes laids dès que séparés de la mère !

Ou le regard sans œil ou l'œil sans regard, étrange dispositif d'exclusion dont la perspicacité lacanienne pointe le défaut en se référant justement à la peinture :

> Est-là une analyse phénoménologique juste ? Non. Il n'est pas vrai que, quand je suis sous le regard, quand je demande un regard, quand je l'obtiens, je ne le vois point comme regard. Des peintres ont été éminents à saisir ce regard comme tel dans le masque, et je n'ai pas besoin d'évoquer Goya, par exemple, pour vous le faire sentir.

Pourquoi ce «dérapage» du texte sartrien sinon dans le but, très inavoué mais absolument vital, de faire en sorte que le regard efface l'œil, qu'ainsi le regard scotomise la taie elle-même par trop visible dans l'œil (dans son œil). Tout l'intérêt (personnel et intime) de la démonstration consistant donc à retrancher l'œil du regard, à dissocier complètement l'organe de la vision et le regard posé comme entité autonome, détaché de ce qui le produit. Tant et si bien que Sartre en arrive à construire une phénoménologie pour le moins paradoxale où ne se verrait jamais cela même qui l'autorise, l'œil. Infini entrecroisement des regards mis à l'abri de leur origine proprement oculaire.

Inutile donc de s'étonner si l'œil, défaillant dès qu'il apparaît organiquement en tant que tel, fera d'autant plus retour que le regard (philosophique) s'efforce d'en faire l'économie. Ça louche énormément chez Sartre, et il serait pertinent d'opérer le relevé minutieux des pathologies ophtalmologiques de l'ensemble de son corpus [15]. En n'hésitant pas à remonter jusqu'à Nizan, son double perdu qu'il a peut-être longtemps fabulé comme l'impossible image de lui-même :

> Taille moyenne, cheveux noirs. Il louchait, comme moi, mais en sens inverse, c'est-à-dire agréablement. Le strabisme divergent faisait de mon visage une terre en friche ; le sien convergeait, lui donnant un air de malicieuse absence même quand il nous prêtait attention.
> («Paul Nizan», *Situations, IV*)

Strabisme privilégié de Nizan puisque Sartre avoue que c'est l'autre, son *alter ego*, qui louchait dans le bon sens. De sorte que même ses amitiés étaient soumises aux lois de

15. Notons simplement que même dans ses textes philosophiques le *louche* finit par devenir une véritable «catégorie», une sorte de sous-ordre du «visqueux».

l'optique oculaire, jusqu'à établir une étonnante distinction entre ceux qui louchent dans le bon sens et ceux qui louchent dans le mauvais sens : Sartre se rangeant évidemment dans la seconde catégorie. Et on n'en finirait pas de faire loucher le texte sartrien trop fasciné par le regard pour ne pas reconnaître implicitement qu'il constitue sa plus indépassable aporie.

Chapitre III

Le philosophe aveugle

Jamais un cyclope ne verra ce que voient les hommes.

Sartre,
« Saint Marc et son double »

L'ex-peintre

Parmi la multitude de personnages mis en scène dans la trilogie des *Chemins de la liberté* figure un peintre, ou plutôt son reste, son double fantomatique et stérile. Car quelle est justement sa principale caractéristique ? C'est qu'il ne peint plus. Préférant l'engagement politique à la création artistique, Gomez a abandonné la peinture pour combattre aux côtés des Républicains en Espagne. Et si la fiction sartrienne ne pouvait nous raconter un peintre que pour autant qu'il a renoncé à son activité proprement picturale ? Et s'il n'était en dernière instance de meilleure peinture que celle qu'on ne fait plus ?

Nous retrouvons Gomez à New-York tout au début de *La mort dans l'âme*, alors qu'il a dû quitter l'Espagne à la suite de la victoire des franquistes. Au chômage depuis six mois, il a finalement accepté à contrecœur un travail de critique d'art qui oblige à renouer avec l'image. Soit ces quelques passages où Sartre semble n'avoir d'autre volonté que de miner et de détruire chez son personnage tout ce qui pourrait subsister en lui de son ancien désir de la peinture. D'abord au moment où il se réveille dans sa chambre d'hôtel, violemment agressé par la chaleur :

> Une pieuvre ? Il prit son couteau, ouvrit les yeux, c'était un rêve. Non. La pieuvre était là, elle le pompait de ses ventouses : la chaleur. Il suait.

Un peu plus tard lorsqu'il s'habille :

> Il enfila son pantalon, s'approcha de la fenêtre et tira les rideaux : dans la rue la lumière, blanche comme une catastrophe ; encore treize heures de lumière. Il regarda la chaussée avec angoisse et colère. La même catastrophe [...]. «Bon Dieu ! soupira-t-il. Bon Dieu !» Il regardait crier toutes ces couleurs : même si j'en avais le temps, comment voulez-vous peindre avec cette lumière !

Au Musée, alors qu'il vient de s'ennuyer devant les Mondrian :

> – Attends, dit Gomez, attends un peu ! Dans une minute, je saurai si je suis encore un peintre».
> Ils gravirent l'escalier, entrèrent dans une salle. Sur le mur de gauche, il y avait un Rouault, rouge et bleu. Gomez se planta devant le tableau.

> «C'est un roi mage» dit Ritchie.
> Gomez ne répondit pas.
> «Moi, je ne goûte pas tellement Rouault, dit Ritchie. A toi, évidemment, ça doit plaire.
> — Mais tais-toi donc!»
> Il regarda encore un moment, puis il baissa la tête :
> «Allons-nous-en.
> — Si tu aimes les Rouault, dit Ritchie, il y en a un, au fond, que je trouve plus beau.
> — Pas la peine, dit Gomez. Je suis devenu aveugle».

Enfin lorsqu'il sort du musée :

> Dehors, la pieuvre ; mille ventouses le pompèrent, l'eau perlait de ses pores et trempa d'un seul coup sa chemise, on lui passait une lame rougie à blanc devant les yeux. N'importe ! N'importe ! Il était joyeux parce qu'il venait de quitter le Musée : la chaleur, c'était un cataclysme, mais elle était vraie. [...] ce haut building lointain qui semblait, comme les bateaux de Claude Lorrain, un léger coup de pinceau sur la toile, il était vrai et les tableaux de Claude Lorrain n'étaient pas vrais : les tableaux, ce sont des rêves. Il pensa à ce village de la Sierra Madre où l'on s'était battu du matin jusqu'au soir : sur la route, il y avait du vrai rouge. «Je ne peindrai plus jamais», décida-t-il avec un âpre plaisir.

Je soutiens que le comportement critique de Sartre face à la peinture est déjà pour l'essentiel mis en scène et brutalement condensé dans cet épisode romanesque (qui fabule et sous-entend que la critique d'art s'origine dans le refus de créer de nouvelles images : ne deviendra critique que celui qui ne supporte plus l'image picturale, qui désire moins la parler que la dénier et la dénigrer) :

— Et d'abord cette inquiétante présence du bestiaire marin ici représenté par la pieuvre, qu'il faut nécessairement associer à la décision prise par le peintre de ne plus produire de tableaux. Puisqu'aussi bien chez Sartre l'obsession de la faune sous-marine, des mollusques pélagiques et des invertébrés abyssaux, vient toujours symptomatiser cette perpétuelle menace que constitue l'image. Ici le poulpe qui pompe, suce, aspire l'ex-peintre signifie et réactive son refus de l'image.

— Comment ne pas remarquer l'extrême négativité de la lumière dont on sait qu'elle constitue habituellement la condition *sine qua non* de l'activité picturale ? Alors que le plus souvent les peintres s'extasient devant la violence de la lumière qui révèle le réel, ici Gomez fait justement de l'intense luminosité new-yorkaise une véritable catastrophe picturale. Serait-ce que Sartre ne peut imaginer la peinture que dans le noir, que comme une œuvre en noir, paradoxalement d'autant plus satisfaisante qu'enténébrée ?

– Jusqu'à aboutir à une sévère condamnation de l'«irréalité» de la peinture, qui ne serait rien par rapport à la vérité du réel. La couleur, simple pellicule déposée sur une surface, constituerait toujours une espèce de désincarnation de la matière, de la vie... Aucun rouge, même celui violemment expressionniste de Rouault, n'aura jamais la puissance ontologiquement chromatique de l'hémoglobine !

Il ne reste plus à Gomez qu'à décider, avec une certaine jouissance, de ne plus jamais peindre. Comme si finalement il y avait encore plus de plaisir à renoncer aux images qu'à continuer à en produire. Il y avait *a priori* tant d'activités imaginables pour un sujet qui renonce à son passé professionnel à la suite de son engagement politique, mais il a fallu dans la fiction sartrienne qu'il soit peintre, que ce soit la peinture qui fasse les frais de cet abandon. Ce que Gomez ne sera jamais plus, ce n'est pas écrivain, ni musicien, mais peintre. Et on a bien l'impression que Sartre profite «lâchement» de l'impunité de l'invention romanesque (après tout il ne s'agit que d'un personnage inventé, qu'on ne saurait confondre avec l'auteur et ses convictions esthétiques) pour régler ses comptes avec la peinture. Comme si ce qu'il ne pouvait absolument pas supporter de la part de la création picturale, c'est qu'elle produise des images. Dès maintenant on concevra sans peine qu'un tel refus de l'image ne sera pas pour faciliter son travail de critique d'art. Car comment parler et analyser l'image sans la faire apparaître, ou mieux en la faisant disparaître ?

Style et identité

Pourquoi cet abandon de l'étude consacrée au Tintoret alors qu'elle était sinon quasiment achevée, tout au moins extrêmement avancée ? Dans *Les écrits de Sartre*, Michel Contat et Michel Rybalka nous précisent que Sartre aurait renoncé «parce qu'il n'était pas satisfait de son style».

Curieuse butée quand même que cette aporie stylistique pour un écrivain qui n'a jamais fait de la question du style l'enjeu essentiel de son écriture, au contraire ! Blocage d'autant plus étonnant et remarquable qu'il ne se manifeste pas à l'occasion d'une étude critique consacrée à un autre écrivain (à un styliste réputé tel que Jean Genet par exemple), mais lorsque Sartre s'adresse, se confronte à la peinture. Une insatisfaction stylistique. Qu'est-ce à dire ? Qu'il est mécontent de ses développements critiques d'un point de vue esthétique ? Qu'il estime leur «littérarité» complètement défaillante ? Ou plus radicalement ne s'aperçoit-il pas qu'il n'a pas de style du tout (même et justement si son essai est très écrit), c'est-à-dire qu'il lui est impossible de trouver son style, d'avoir en propre un style personnel dès lors qu'il entreprend d'analyser l'image picturale. Se risquant à parler de la peinture, Sartre se rend compte, avant même d'avoir achevé son travail, qu'un tel projet le dessaisit de son style (ou plus subtilement encore de son refus d'être un styliste), autrement dit le désapproprie de son identité d'écrivain. La peinture contrarie, déboussole son identité la plus intime : il ne s'appartient plus dans sa propre (dés-)écriture dès lors qu'il prétend s'attacher à l'image. Michel Thévoz a raison de remarquer, dans «La psychose prophétique du Tintoret», que «le style du *Séquestré de Venise* surprendra effectivement par une sorte de véhémence qui traduit peut-être un embarras. Sartre parle des œuvres du Tintoret sur un ton de familiarité inaccoutumé, qui, parfois, sonne un peu faux [...]. L'étude sur le Tintoret [...] frappe par une disparité du style et par une alternance brutale des points de vue [...]». De même Josette Pacaly est frappée «par une sorte d'affolement de l'expression dans ce texte. Le pastiche y tient une place énorme» *(Sartre au miroir)*. De fait, presque à chaque page de l'essai sartrien, le lecteur ne peut s'empêcher d'y reconnaître le style d'un autre. Dès le premier mot : «Rien», comment ne pas s'apercevoir de l'insistance d'accents mallarméens qui reviendront plus d'une fois ? «Les articulations du développement appartiennent à Bossuet [...]. On va du panégyrique au sermon [...]. Peu après, on écoute l'Annoncier du *Soulier de satin* [...]. Ailleurs, Saint-Just voisine avec Pascal». Certaines remarques sont du pur Fourier, et d'autres évocations sont intimement proustiennes dans leur ton. Déjà quand Sartre, dans *Qu'est-ce que la littérature* ? s'attardait sur «une déchirure jaune au-dessus du Golgotha» chez le Tintoret, il se laissait aller, plus ou moins consciemment, à un redoublement de la célébration proustienne du petit pan de mur jaune chez Ver Meer de Delft. Commenter l'image reviendrait donc pour lui à abandonner son style (ou plus paradoxalement son absence de style puisque l'écrivain est souvent tenté par ce qu'on pourrait appeler une «déstylisation» de son écriture), ou plutôt à avoir tous les styles, tous ceux des autres sauf le sien. Ainsi ne peut-il écrire à propos du Tintoret qu'en disséminant, qu'en dispersant au fil de la plume son identité, qu'en «surstylisant» sa démonstration. Plus Sartre se consacre à la peinture, moins il s'y reconnaît dans ce qu'il écrit. Plus il vise l'image, plus il se perd en faisant le deuil de son identité stylistique. Assistant à contrecœur à une sorte d'empâtement de l'expression : des bourrelets de style – corps étrangers venus d'autres écrivains – alourdissent et parasitent sa réflexion.

Une impossible pratique stylistique du propre d'autant plus symptomatique en l'occurrence qu'elle trouve son exact équivalent dans le travail du peintre vénitien tel que le restitue le regard critique. Pour Sartre, c'est tout au moins ainsi qu'il l'appréhende, le Tintoret est celui qui est capable de faire à volonté du Titien, de plagier parfaitement Véronèse, de peindre si nécessaire à la manière de Pordenone :

> Il apprend que les *Crociferi* vont passer commande à Paolo Caliari, feint de tout ignorer, va leur offrir ses services. On tente de l'éconduire poliment : «Ce serait avec plaisir mais nous voulons du Véronèse.
> – Du Véronèse, à la bonne heure, dit-il. Et qui se charge de vous en faire ? Mais, répondent-ils un peu surpris, nous pensions que Paolo Caliari était tout désigné...». Et le Tintoret, stupéfait à son tour : «Caliari ? Quelle drôle d'idée. Je vous en ferai mieux que lui, moi, du Véronèse. Et pour moins cher». Marché conclu, parole tenue. Il a recommencé vingt fois, il a «fait» *du* Pordenone, *du* Titien : toujours au rabais.
>
> («Le séquestré de Venise»)

Sartre semble ne pouvoir s'empêcher de projeter dans la pratique picturale du Tintoret ce qu'il est lui-même en train d'accomplir en l'analysant et en le commentant : comme si le pastiche était leur lot commun, au peintre et à son écrivain.

Sartre n'étant amené, selon un curieux effet de contagion et de duplication, à perdre son écriture que pour autant que le Tintoret, *selon lui*, n'hésite jamais à imiter la manière des autres. De toute façon, être toujours soi-même dans l'ensemble de ses productions, ce serait l'impossible même pour n'importe quel créateur. En somme on pourrait soutenir que «Le séquestré de Venise», c'est l'étude d'un peintre qui parvient à être tous les autres par un écrivain qui ne réussit pas du tout à être lui-même. Plus Sartre souligne l'infinie capacité du Tintoret à imiter ses contemporains, plus son texte s'écrit comme imitation des autres. Plus il fabule son merveilleux pouvoir pictural de devenir un autre quand il le désire ou que les circonstances commerciales l'exigent, moins il est lui-même. Plus son Tintoret est capable de reproduire, de valoir tous les autres, plus son écriture s'aliène.

Et ne percevez dans ma démonstration aucune dévalorisation de l'entreprise sartrienne. Il s'agit au contraire de la rendre à elle-même [1] en repérant les points précis où l'acupuncteur critique doit planter ses aiguilles pour intensifier la circulation et le rayonnement de l'énergie textuelle. S'effectue, dans ses analyses portant sur le Tintoret, une incontrôlable dispersion stylistique de celui qui écrit, d'autant plus significative qu'elle a lieu en présence de l'image qui menace, perturbe, désorganise l'identité littéraire de l'écrivain qui se risque à la prendre comme objet d'étude. Jamais Sartre n'est plus proche de ce qu'il n'arrive pas à être, jamais il n'approche plus son impossibilité d'être qui il est et comme il est, c'est-à-dire de s'identifier à lui-même, que lorsque la peinture devient son sujet de réflexion, tout à la fois optiquement et intellectuellement. Plus il frôle l'image, plus son identité vacille, la critique d'art ne faisant alors qu'exaspérer des problèmes qu'on oserait qualifier d'existentiels. Quand il se confronte et se cogne à l'image, Sartre est alors

1. C'est pourquoi il est à mon avis totalement déplacé d'analyser pour eux-mêmes – c'est-à-dire totalement coupés du reste de son corpus – les textes de Sartre consacrés au Tintoret comme s'ils constituaient des recherches d'esthétique à mettre exactement sur le même plan que celles, par exemple, d'un Panofski. Leur «vérité» est d'un tout autre ordre (qui fait sa place au sujet). Raison pour laquelle une étude telle que «Sartre face au Saint Georges du Tintoret» de Jacques Leenhardt (*Revue d'esthétique*, nº 2, 1981) manque complètement son objet, même si elle a incontestablement raison au niveau proprement historique de l'évolution des idées et de la philosophie.

au plus près de son impossible même, s'enferre dans son aporie la plus intime. Il y a tout un côté véritablement suicidaire de la critique d'art sartrienne qui défait, désorganise la si fragile identité littéraire de l'écrivain : s'explosant littéralement en fragments qui ont toujours l'air d'avoir été écrits par un autre, s'altérant et s'éparpillant en pastiches. Quand il se donne entièrement aux images, Sartre qui n'est plus alors que le douloureux point d'intersection de toute une série d'altérités, que le point de focalisation de styles disparates qui ne sont jamais le sien, ne fait peut-être que manifester avec plus d'intensité encore cette douloureuse et pathétique impossibilité d'être authentiquement et complètement soi-même dont par ailleurs toute son œuvre témoigne. Au plus près de son *punctum caecum* face à l'image, Sartre amplifie ce qui est déjà évident dans tous ses écrits : qu'il lui sera toujours impossible de se retrouver, de se recueillir dans une écriture qui serait pleinement la sienne. La proximité de l'image radicalise la défaillance identitaire. Dans le style comme ailleurs, Sartre n'existe qu'à en passer encore et toujours par les autres. Impossible pour lui d'être directement, sans la médiation d'autrui, tel qu'il est et qui il est.

«Sartre ne sait pas qu'il est Sartre», a un jour remarqué Claude Roy. Et comment voudriez-vous qu'il le sache puisqu'il n'aura jamais réussi à l'être véritablement en se reconnaissant (d'abord et surtout physiquement), à se *figurer* qu'il est le dénommé Sartre ? Rien à faire : il ne coïncide pas avec lui-même. Car il faudrait renverser la formule de Claude Roy en lui donnant des conséquences bien plus radicales, *Sartre sait qu'il n'est pas Sartre* : je veux dire qu'il n'aura jamais rejoint son image, qu'il ne se sera jamais complètement assimilé à lui-même. Jamais il ne l'a mieux su que lorsqu'il essaie de nous parler (d'éviter de nous parler) de ce qu'est l'image picturale, par exemple des tableaux du Tintoret. L'épreuve de la peinture contraint Sartre à ne plus savoir du tout se figurer, l'oblige à se rendre compte qu'il demeurera à tout jamais infigurable à ses propre yeux.

Les couleurs du Titien

D'un bout à l'autre du «Séquestré de Venise», Jean-Paul Sartre ne cesse d'afficher et de proclamer sa répulsion pour la peinture du Titien, pour ses «toiles béates» comme il le dit fort dédaigneusement. Et il s'efforce de justifier socio-politiquement son refus du Titien pour lui par trop lié aux maisons princières et royales de son époque, beaucoup trop intime à son goût avec les puissants du XVIe siècle. Il suffit selon Sartre de contempler leurs sépultures respectives pour déjà tout comprendre : au somptueux monument funéraire du Titien à la basilique des *Frari* s'oppose l'autérité de la très simple dalle du Tintoret à la *Madonna dell'Orto*. C'est essentiellement à travers l'opposition de Tiziano Vecellio et de Jacopo Robusti que le philosophe perçoit la peinture vénitienne du XVIe siècle, dévalorisant la gloire mondaine du Titien partout célébré et reconnu pour mieux souligner et réévaluer la position difficile du Tintoret maltraité par ses contemporains, argumentant son excommunication esthétique du Titien en essayant de prouver que sa peinture vise à occulter les contradictions historiques, à effacer les clivages et les oppositions politiques, en dénonçant la fonction pacificatrice et rassurante de la Beauté dans ses œuvres. Sa peinture «de classe» aurait essentiellement un pouvoir de sécurisation, de tranquillisation, de quiétude, autant d'arguments esthétiques pour mieux affermir le pouvoir en place.

En fait toutes ces considérations socio-politiques que Sartre instruit comme d'habitude avec la plus parfaite bonne conscience, me semblent constituer un prétexte particulièrement fallacieux. Si Sartre gravement brouillé avec l'image ne peut décidément pas supporter le Titien, c'est parce que sa peinture travaille avant tout sur la *couleur*. Or rien à faire sur la question ! La couleur demeurera toujours purement et simplement optique, ce que Sartre ne saurait tolérer. La couleur, qui n'existe pas sans l'œil, est visuelle et rien que visuelle. Aucun autre sens que la vue ne permettra jamais d'en rendre compte. Ce qui du Titien révulse Sartre, c'est qu'*à ses yeux* (et rien de pire en milieu sartrien) il sacrifie délibérément le mouvement et le relief (qui engagent tout le corps) à l'unité chromatique qui n'est perceptible que grâce à la vue. Comment pardonner à une peinture qui privilégie à ce point les fastes de l'agencement chromatique ! Héritier de Giorgone qui a fondé toute sa démarche picturale sur le triomphe de la couleur, le Titien fait de chacune de ses toiles une savante harmonie chromatique (car cette harmonisation politique que Sartre lui reproche si vivement est d'abord chromatique dans sa pratique picturale) : alors que toute la peinture florentine des XVe et XVIe siècles privilégie la construction, l'architecture, approfondit et généralise les découvertes de la perspective, le Titien déploie ses toiles (plus qu'il ne les organise et les structure) en étalant des couleurs chaudes, mordorées, fauves, fondues, sensuelles, voluptueuses même. Autant de circulations, d'échanges, d'interpénétrations chromatiques qui favorisent toujours un effacement des lignes de force, une dissolution des contours, une neutralisation des résistances de la matière. Chez le Titien l'organisation de la représentation, ses lignes directrices, sa structure sont toujours menacées d'être emportées par le pouvoir dissolvant des couleurs. En somme ce que Sartre critique fondamentalement dans la pratique du Titien, c'est qu'il produit des peintures qui sont d'abord faites pour être vues. Où allons-nous si la peinture n'appartient plus qu'à l'ordre du visible ?

Cette insupportable gloire du Titien toujours en pleine lumière, paré des mille feux de sa célébrité :

> La Sérénissime a faim de prestige : ses vaisseaux ont fait longtemps sa gloire ; lasse, un peu déchue, elle s'enorgueillit d'un artiste. Le Titien vaut une flotte à lui seul : aux tiares, aux couronnes, il a dérobé des flammèches pour se tresser une auréole. Sa patrie d'adoption admire en lui *d'abord* le respect qu'il inspire à l'Empereur : dans la lumière sacrée, encore terrible mais parfaitement inoffensive qui s'entortille autour de ce crâne, elle prétend reconnaître sa propre gloire. Le peintre des rois ne peut être que le roi des peintres : la Reine des mers le tient pour son fils et retrouve grâce à lui un peu de majesté ; elle lui a donné autrefois un métier, une réputation, mais quand il travaille, le droit divin fuse à travers la cloison et rayonne jusqu'à Saint-Marc, elle sait alors qu'il lui rend au centuple ce qu'il a reçu d'elle : c'est un Bien national. Au surplus, cet homme a la longévité des arbres, il dure un siècle, et se transforme doucement en Corps constitué. La présence de cette Académie à un seul membre, née avant eux, bien décidée à leur survivre démoralise les jeunes, elle exaspère et décourage leurs ambitions : ils s'imaginent que leur ville a réservée cette faveur au seul Titien. Victime de ce malentendu, le Tintoret — sous ce fallacieux prétexte :

> je le vaux bien –, réclame qu'elle fasse de lui l'égal de son illustre devancier. Mais la valeur n'est pas en cause : on ne demande pas aux républiques ce qui appartient de droit aux monarchies héréditaires. Jacopo se trompe quand il reproche à la Cité des Doges de faire converger tous ses projecteurs sur le baobab du Rialto ; c'est tout le contraire : un faisceau lumineux dont la source est à Rome ou à Madrid, hors les murs, en tout cas, frappe ce vieux tronc, rejaillit sur Venise, l'arrache à ses pénombres ; de l'éclairage indirect, en quelque sorte. Et je me trompais aussi, moi qui pensais d'abord intituler ce chapitre : A l'ombre du Titien. *Car le Titien ne fait pas d'ombre.* Qu'on réfléchisse à ceci : à la naissance de Jacopo, le Vieux a quarante et un ans ; il en a soixante-douze lorsque son cadet tente pour la première fois de s'affirmer. Ce serait le moment de céder la place, il y aurait de la bonne grâce à mourir. Rien à faire ! Cet increvable monarque règne encore vingt-sept ans ; quand il disparaît, centenaire, il a le suprême bonheur de laisser une *Pieta* inachevée, comme font les jeunes espoirs fauchés. Pendant plus d'un demi-siècle, Tintoret-la-Taupe détale dans un labyrinthe aux murs éclaboussés de gloire ; jusqu'à cinquante-huit ans, cette bête nocturne est traquée par les sunlights, aveuglée par l'implacable célébrité d'un Autre. Quand cet éclat s'éteint, Jacopo Robusti est bien assez vieux pour faire un mort.

Qui est donc le Tintoret pour Sartre sinon celui qui n'échappera jamais (quoi qu'il fasse et quoi qu'en dise l'écrivain qui le reconnaît pour aussitôt affirmer le contraire en un mouvement très visiblement dénégatif) à l'ombre portée du maître, du père ? «Le séquestré de Venise» ne cesse de mettre en scène le Titien comme une prestigieuse figure paternelle, envahissante et écrasante. Ce peintre (qui «vaut une flotte à lui seul» de même que le Père des *Séquestrés d'Altona* fait «flotter l'acier sur les mers» : et comment ne pas se souvenir au passage que le beau-père de Sartre, l'homme avec lequel s'était remariée sa mère, était directeur à La Rochelle, dans une usine de constructions navales ?) «entre dans la série des pères imaginaires dont les prestiges ne feront que croître au fur et à mesure du développement de l'œuvre pour culminer dans le portrait du docteur Flaubert» (pour reprendre l'excellente formulation de Josette Pacaly). Alors que Sartre quant à lui se prétend préservé de tout néfaste complexe œdipien grâce à la mort prématurée de son père biologique, au contraire son analyse du Tintoret surœdipianise la situation du peintre vénitien (et il en ira de même dans sa lecture de Flaubert, un écrivain sans doute, mais dont toute l'écriture pose la question de l'image). Façon d'avouer qu'un rapport véritablement productif avec les images tel que celui du peintre suppose nécessairement une présence presque excessive du père. Nul hasard si la critique d'art réactive la question de la paternité. Car fondamentalement pas d'images possibles sans au préalable un passage par l'Œdipe. Tortueux méandres de la réflexion sartrienne prise au piège d'insolubles contradictions : si le Tintoret peint, c'est qu'il a eu un «père» nommé le Titien ; mais dans la mesure où ce qu'il peindra ne me convient que pour autant qu'il ne s'agit pas uniquement, pas essentiellement d'images, il me faut tout à la fois affirmer et nier cette présence du père, simultanément indispensable et de trop : «Et je me trompais aussi, moi qui pensais d'abord intituler ce chapitre : A l'ombre du Titien». A l'ombre tout en ne l'étant pas ? Car le Tintoret, puisque peintre, a besoin de ce père dont il pourrait fort bien se passer dans la mesure où il produit des images qui n'en sont pas.

Titien et Tintoret : lumières et ombres qui déterminent leurs rapports dans une scénographie tranchée, plus napolitaine et caravagesque que vénitienne. Alors que le Titien est un véritable réflecteur, attrapant la lumière pour la renvoyer ailleurs, le malheureux Tintoret reste à l'ombre, englouti dans les ténèbres. Le phare et la nuit, les sunlights et l'obscurité, le plein jour et les souterrains. Jacopo Robusti est une *taupe* aveuglée par l'éclat de l'autre, précise Sartre. Curieux site que les ténèbres pour un peintre, dont tout le travail consiste à faire voir aux autres. Etrange décision critique que de le faire séjourner dans l'obscurité. Le Tintoret serait un peintre d'autant plus remarquable que travaillant dans le noir, ayant en quelque sorte l'obligeance, l'extrême délicatesse de ne pas me contraindre à voir ce qu'il représente. J'exagère ? A peine. Car me promenant à Venise pour préparer ce travail, ce qui m'a d'abord frappé en essayant de distinguer dans la pénombre des églises les toiles du Tintoret, c'est qu'il était en fin de compte quasiment impossible de les voir correctement en dépit de quelques aléatoires installations électriques mises en place par notre siècle. Au point que je me suis souvent demandé ce qu'un vénitien du XVIe siècle pouvait discerner au juste dans ses tableaux. Probablement fort peu de choses dans bien des cas, même en tenant compte désormais de leur progressif obscurcissement par la saleté et le vieillissement. N'est-il pas évident que les toiles du Tintoret, qui se cachent dans l'obscurité des églises vénitiennes, fascinent d'autant plus Sartre qu'elles demeurent jusqu'à un certain point invisibles ? Aux lumières, à l'illumination du Titien, Sartre préfère, et de loin, la pénombre du Tintoret. Comme si l'impossibilité même de vraiment voir ses toiles constituait une qualité supplémentaire de leur picturalité ! J'en rajoute ? Mais souvenez-vous de Gomez voyant dans l'intensité de la lumière new-yorkaise un obstacle à la création picturale. Relisez «Le séquestré de Venise» qui fait du Tintoret «une taupe au soleil», dont la véritable personnalité intime n'est perceptible que dans l'ombre :

> [...] il disposait, à Venise même, de deux clientèles bien distinctes. Il fait le siège des fonctionnaires publics et, naturellement, si le Sénat lui donne du travail tout l'atelier se met à l'ouvrage, y compris le chef de famille. On peut voir encore au Palais des Doges, sous un éclairage qui les met en valeur, les œuvres d'une forte personnalité collective qui portait le nom de Tintoret. Mais si c'est Jacopo Robusti qui vous intéresse, abandonnez la Piazzetta, traversez la place Saint-Marc, franchissez des canaux sur des ponts en dos d'âne, tournez dans un dédale de ruelles sombres, entrez dans des églises plus sombres encore : il est là. A la Scuola San Rocco, vous le tenez : en personne, sans Marietta ni Domenico ni Sebastiano Casser ; il y travaille seul. Une brume sale enfume ses toiles ou bien c'est un faux jour qui les ronge ; attendez patiemment que vos yeux s'accoutument : à la fin, vous verrez une rose dans les ténèbres, un génie dans la pénombre.

Une fois reconnu l'officiel pouvoir de représentation du Tintoret, Sartre n'a de cesse qu'il ne l'ait renvoyé à l'obscurité, qu'il ne l'ait éteint. Selon un mouvement extrêmement paradoxal Sartre met en pleine lumière le peintre qu'il critique et au contraire à l'ombre celui qu'il défend. Il éclaire son ennemi, obscurcit son ami, ce Tintoret d'autant plus séduisant qu'il ne capte pas la lumière.

Le scandale du visible

A la suite de Ridolfi qui prétendait que le Tintoret avait inscrit la devise suivante sur la porte de son atelier : «Il disegno di Michelangelo, il colorito di Tiziano», on a souvent interprété son art comme un effort de synthèse pour concilier le dessin sculptural et le travail proprement chromatique. Ce n'est pas véritablement mon problème que de déterminer ce que le Tintoret doit exactement à l'un et à l'autre. Il me suffit amplement de remarquer que, parmi les sujets d'étude favoris du peintre (ceux mentionnés par Sartre, et seuls ceux-là me préoccupent), les sculptures figurent au tout premier plan. Quand le Tintoret s'exerce au dessin, il reproduit de préférence des sculptures. Et Sartre va longuement s'intéresser au «théâtre de mannequins», artificiellement éclairé, qu'utilise Robusti pour mettre en place ses compositions :

> [...] Jacopo ne fait pas mystère de ses techniques et les vieux auteurs nous ont abondamment renseignés : entrons dans son atelier. Nous sommes en 1548, quelques mois avant l'exposition scandaleuse du «Miracle» ; on vient de lui en passer commande, il s'est mis au travail : s'il est coupable, nous le prendrons la main dans le sac. A première vue, cet homme est innocent ; on nous parlait d'un musée Grévin : il n'y en a pas trace. Soucieux de livrer au client une toile «goût vénitien», le jeune ambitieux suit le Titien à la trace : unité d'abord. Le groupe plastique sera conçu comme un organisme vivant, il produira lui-même ses parties et se détaillera selon sa loi particulière. Le Vieux connaissait des hommes tout ce que la vue peut en livrer, rien d'autre.
>
> («Saint Marc et son double»)

Vous notez donc qu'ici Sartre n'est pas loin de reprocher au Titien de s'en tenir finalement au seul domaine du visible. Curieux quand même de faire grief à un peintre – surtout de la Renaissance italienne – de ne travailler que dans l'ordre du visuel. Sartre en arrivant à ne pas supporter qu'un peintre ait pour principal projet de nous faire voir. Je reprends la citation :

> Des femmes, un peu plus ; sur leur chair, il peignait la caresse invisible de ses doigts : des courtisanes, de grandes dames un peu putains posaient pour ses Vénus, pour Danaë ; l'épanouissement de leur ventre, c'était un souvenir tactile qui s'intégrait à la vision.

Une nouvelle coupure pour confirmer : ce que Sartre ne tolérera jamais dans la pratique picturale du Titien, c'est qu'il résorbe toutes les sensations au seul profit de la vision. Il se permet d'aplatir le toucher lui-même, de le surfacer pour ne le rendre qu'optique. Quel scandale ! Qu'est-ce donc que ce peintre qui se contente de nous faire voir les choses en mutilant le réel de toutes ses qualités autres que visuelles ? Sans aucun doute un vrai peintre travaillant (sur) l'image, c'est bien là l'inacceptable pour le philosophe qui en son for intérieur a depuis longtemps décidé de le chasser, lui et tous ses pareils, de la Cité idéale :

> Le Maître, d'ailleurs, n'y attachait guère d'importance : il se passait une gourmandise, voilà tout et, dans les grandes compositions sacrées, même les matrones restaient pucelles : défense de toucher aux objets exposés. Le savoir-faire de l'artiste le dispensait, en ce cas, de recourir aux modèles ; s'il en usait parfois, c'était pour vérifier ou corriger : il ne s'en inspirait pas.
>
> Sur un carton puis sur une toile, Jacopo, disciple impeccable esquisse à gros traits les ensembles *visibles* : une collerette de têtes indistinctes se penche sur une clarté diffuse ; des valeurs s'opposent, des volumes s'équilibrent. Cet éventail de formes aboutit nécessairement au repos : tout est contenu, arrêté, balancé. Vecellio hait le mouvement qui déplace les lignes et Jacopo, à l'exemple du maître, ne l'évoquera, semble-t-il, que par allusion.
>
> En un mot, rien de suspect. Rien sauf une armoire. Pour l'instant les battants sont clos. Mais nous pouvons imaginer, sur les rayons, des figurines de cire et de glaise, seulettes et morfondues : tout les sépare de leur voisine : la date de naissance, la destination, la nuit, l'infinie divisibilité de l'étendue : chacune existe par soi-même et en soi, à l'abandon, résumée par la place qu'elle occupe. Ces formes pétrifiées, c'est la matière qui les individualise et les disperse ; une seule action commune : la pression de toutes sur la planchette qui les soutient ; encore vaut-il mieux dire qu'il y a *des* pressions, des pesées solitaires qui s'additionnent sans composer entre elles et ne sont unies que par leur effet.

Obstination de Sartre qui, avec une patience rusée, remplace progressivement le visible par tout autre chose, le travail des forces et des pesées, qui fait en sorte que l'atelier du peintre ne soit plus essentiellement un laboratoire optique.

> Or, au moment que l'esquisse est achevée, quand il ne reste plus qu'à dégrossir les formes pour les singulariser, le Tintoret se lève, ouvre l'armoire, prend des statuettes et les dispose sur une table. Il les soumet, cela va de soi, à l'ordre qu'il vient d'établir sur la toile. Cela veut dire qu'il étire et distend les déterminations de cette surface plane à travers les trois dimensions. Projection rigoureuse : il juche une femme sur des gradins pour compenser l'élévation du cadi

> qu'il vient d'asseoir sur un échafaudage ; bref il y a une correspondance point par point du petit régiment regroupé sur la table et des groupements inscrits sur le tableau. N'empêche que ce furieux a tout cassé ! Qu'elle était belle, au bout de son pinceau, la foule, couronne mystique, anneau de fumée : il suffisait de pousser un peu pour qu'elle devînt nombreuse en restant indivise. Sur la table, elle éclate en morceaux solitaires, impénétrables et juxtaposés. *Là-bas,* le tout s'inscrivait avant les parties. Ici, dans «le trop grand espace», les *choses* existent d'abord, fragments de matière façonnés l'un après l'autre et convoqués successivement.

Sartre n'appréciera la peinture que s'il parvient à en faire tout autre chose, *plus* que du visible. Subtil passage à la matière : toute l'analyse consistant à *incarner* la peinture du Tintoret, à la réifier, à la substantialiser pour la transformer en une expérience de physique qui pèse bien plus lourd — esthétiquement et «réellement» — qu'une pure et simple image :

> [...] Quand il a pris le pinceau, il avait déjà trituré la cire ; par la suite, de la toile à l'armoire le va-et-vient n'a pas cessé. Chacun de ses personnages existe doublement : c'est une détermination de la géométrie plane, étroitement imbriquée dans d'autres déterminations et c'est un solide à trois dimensions. Ces deux manières d'être se contredisent : il ne peut pas l'ignorer, on dirait même qu'il s'acharne à détruire l'une par l'autre, tirant l'individu de la forme et de la matière à la fois. A la fois, non : dans le mouvement de la conception, la matière est l'étape initiale et le terme ultime : l'indissoluble unité de la forme s'esquisse entre tout, à plat, comme une indication : c'est elle que Jacopo *consultera* pour enrégimenter ses solitaires ; l'ordre se métamorphosera sur la table en un désordre qui rêve ; l'artiste achèvera son œuvre quand il aura transporté le rêve du désordre dans son tableau. Les effigies de l'armoire, il faut renoncer à les tenir pour des auxiliaires, pour de simples hypothèses de travail : aux yeux du Tintoret ce sont des fins absolues, des impératifs enfantés par sa passion la plus profonde ; il y voit *son objet* : voilà ce qu'il faut reproduire, aujourd'hui et toujours, rien de moins, rien de plus.

Même si Sartre continue à définir le Tintoret comme un peintre, il en vient à soutenir, constatant qu'il façonne tout un Maure avant de le représenter, que *«le Peintre par excellence fait des statues pour les peindre»*. Conclusion logique d'une semblable interprétation du Tintoret : sa façon de peindre consiste avant tout à modeler la matière :

> Il arrive qu'on reprenne en douce la sentence vénitienne et qu'on porte cette condamnation mineure : il cherche le «modelé». Ce n'est pas faux, bien sûr. Mais on prend l'effet pour la cause, et le moyen pour la fin. S'il n'y avait que cela, du reste, ne suffirait-il pas qu'il fît poser de vrais hommes bien vivants ? Or, avant d'imiter la Nature, Jacopo se pique de la retravailler ; il la triture pour en accuser les traits et les pousser à bout, bref il veut la changer en elle-même. Et surtout, quand il brasse une substance malléable il est en quête d'un contact immédiat : comme s'il ne consentait à rien peindre qu'il n'ait auparavant touché. Non, ce n'est pas le «modelé», c'est le *modelage* qui fait le moment capital de l'élaboration. Avant d'abandonner ses créatures aux miroirs déformants de la perspective, Robusti s'emploie lui-même à les tirer du limon et, toute distance abolie, connaît l'effigie de l'homme en la pétrissant. Peintre, il accorde *en peintre* la priorité au toucher sur la vue, à l'acte sur la contemplation, à la proximité sur l'éloignement. Il commence le travail *au plus près*, par un corps à corps. Ensuite, il prend du champ, laisse à l'abandon ses personnages et se donne le loisir de les considérer mais il songe moins à les copier sur la toile qu'à fixer la mémoire de ses mains. Cet homme est à lui seul un combinat vertical : il crée le matériau et le produit fini pour s'assurer que celui-là passe et demeure tout entier dans celui-ci.

Libération avait un jour consacré un article à un photographe qui progressivement avait pris l'habitude de ne plus regarder dans l'objectif de l'appareil pour prendre ses photos : la prise de vues devenant alors essentiellement un travail du poignet. C'est à peu près la même démarche que Sartre impose à son Tintoret, le retirant systématiquement du visuel pour l'installer dans une gestuelle de la création, dans une ontologie de la matière en tant que telle : la peinture comme corps à corps. En somme pour décrire ce que serait la pratique spécifique du peintre vénitien, Sartre efface complètement cet écart, cette coupure, cette distance qui justement rendent possible l'exercice de la re-présentation. C'est cela même qui fonde la *mimesis* qu'il s'efforce de nier : Jacopo travaillerait au plus près, irait au contact, mais comment ignorer que la production de l'image suppose nécessairement la béance, la faille ? Ce que Sartre veut surtout ne pas voir dans ses toiles, c'est une peinture qui ne s'adresserait qu'à notre rétine. Ce qu'il désire de l'image, c'est qu'elle soit carrément autre chose qu'une image. Que l'activité picturale ne soit plus simplement de l'ordre du *paraître*, mais appartienne effectivement au domaine du *tangible*. Jamais probablement une critique d'art n'aura autant dénié et dénigré le pouvoir de l'œil que celle de Jean-Paul Sartre. Le Tintoret sera par excellence son peintre parce qu'il modèle, il touche, il palpe, il triture, il malaxe, il met la main à la pâte, bref il ne s'adresse, il ne croit qu'à la matière. Affirmons-le encore plus nettement : pour Sartre le visible est, d'un point de vue proprement ontologique, une déficience, un manque, un défaut d'être. Limiter la peinture aux seuls prestiges de l'optique reviendrait à jeter de la poudre aux yeux, à ne discerner dans les toiles que des images, c'est-à-dire rien ou quasiment rien. Si le Tintoret sartrien est aussi éminemment positif, c'est qu'il s'efforce de loger la *présence* au cœur même de la *représentation*, ne peignant que ce qu'il a d'abord pu toucher de ses propres mains, directement appréhender. Dans cette perspective ou plus précisément dans ce refus de la perspective dévalorisée, secondarisée, rien de pire évidemment que le Quattrocento florentin, cette peinture qui ne produit que des «fantômes optiques» en se restreignant au paraître, en changeant les apparitions en apparences, la présence en représentation. «La peinture ne vaut rien à moins de rendre tout ; un tableau s'adresse à l'homme entier et non à sa seule rétine». Comprenez bien qu'une telle option engage en fait toute la conception sartrienne de la peinture qui n'a d'autre ambition que de relativiser au maximum le pouvoir de l'œil.

Exemplairement Giacometti

Pour sûr Jean-Paul Sartre n'a pas dû être déçu le jour où il a pu voir les deux dessins qu'avait faits de lui Alberto Giacometti [2]. Bien accoudé, solidement appuyé sur son bras droit replié (un bras puissant dont l'angle droit architecture fermement l'ensemble du dessin), le philosophe est bien installé, presque massif, imposant de toute façon, s'imposant car donnant l'impression de venir au-devant du spectateur (de se pencher sur lui en sortant de la feuille

2. *Portrait de Jean-Paul Sartre*, 1946. Crayon sur papier blanc, 30 x 22,5 cm. Collection : Pierre Matisse, New-York ; *Portrait de Jean-Paul Sartre*, 1946. Crayon sur papier blanc, 30 x 22,5 cm. Collection particulière.

de papier). Il y a quelque chose de sculptural dans ces deux dessins (on ose à peine lâcher le mot tant il semble s'agir d'une banalité à propos des dessins de Giacometti), je veux dire plus précisément quelque chose de fortement affirmatif et positif. La densité du crayonnage (si caractéristique de sa manière) confère alors à Sartre une extrême présence, une puissante plénitude. Surtout au niveau du visage nettement plus noir que le reste du corps, en raison de la multiplication des traits qui donne à la face une véritable densité (optique, comme on dit en photographie pour caractériser le noircissement de la plaque), une compacité même. Encore très, très légèrement «embué» dans le premier des deux dessins (probablement en raison de quelques petits coups de gomme), le visage dans le second dessin (plus vigoureux, plus nerveux même s'il n'atteint pas la même qualité de noirceur) acquiert une fascinante densité physique : tranché et précis (car la multiplication des traits apparemments imprécis devient alors le comble de la précision), merveilleusement reconnaissable. Un visage tel une boule compacte, dure, résistante, têtue. Ce que Sartre n'a pas manqué de remarquer à la suite de Giacometti lui-même :

> Un jour qu'il avait entrepris de me dessiner, Giacometti s'étonnait : «Quelle densité, disait-il, quelles lignes de force !». Et je m'étonnais encore plus que lui car je crois avoir un visage assez flasque, comme tout le monde. Mais c'est qu'il en voyait chaque trait comme une force centripète. Le visage revient sur soi, c'est une boucle qui se boucle. Tournez autour : vous ne trouverez jamais de contour : rien que du plein. La ligne est un commencement de négation, le passage de l'être au non-être. Mais Giacometti tient que le réel est positivité pure : *il y a* de l'être et puis, tout d'un coup, il n'y en a plus : mais de l'être au néant aucune transition n'est concevable. Observez comme les multiples traits qu'il trace sont *intérieurs* à la forme qu'il décrit ; voyez comme ils représentent des relations intimes de l'être avec lui-même, le pli d'un veston, la ride d'un visage, la saillie d'un muscle, la direction d'un mouvement. Toutes ces lignes sont centripètes : elles visent à resserrer, elles obligent l'œil à les suivre et le ramènent toujours au centre de la figure ; on croirait que le visage se rétracte sous l'effet d'une substance astringente : dans quelques minutes, il sera gros comme un poing, comme une tête de Jivaro.
>
> («Les peintures de Giacometti», *Situations, IV*)

Inutile d'insister longuement sur tout ce que peut avoir d'euphorique pour Jean-Paul Sartre une telle restructuration du visage, de son visage enfin délivré de son flasque laisser-aller habituel, de son relâchement charnel. Son visage enfin charpenté et raidi : les lunettes elles-mêmes ne constituant plus un supplément disgracieux, mais au contraire participant pleinement à l'édification de la face sartrienne, ajoutant deux lignes de force au visage qui n'en est que mieux construit. Il faut bien sûr souligner cette intense satisfaction qu'éprouve Sartre à constater que pour une fois son visage ne «débande» pas, mais en fait ce qui m'intéresse essentiellement pour le moment, c'est que le philosophe parle des dessins de Giacometti en termes de *densité*, de *force*, de *plein* et d'*être*. On aura déjà compris que de telles notions impliquent que Sartre raisonnera plus en termes d'appréhension ontologique que d'approche optique : une perspective très évidemment favorisée par le fait que Giacometti est d'abord un sculpteur, que ses dessins sont en quelque sorte lestés par sa sculpture, qu'ils «pèsent» infiniment plus pour Sartre que ceux d'un pur dessinateur. L'écrivain déclarant d'ailleurs à Norbert Iborra au sujet des peintures de Giacometti : «Il y a de ses peintures qui sont faites avec des arrière-volontés de sculpture. Je pense à six femmes au milieu d'une toile : il y a beaucoup des procédés de sculpteur dedans. Cette peinture était dans un *autre espace* – tout son système étant le même que celui du sculpteur» (exactement de la même façon que le Tintoret est pour lui, comme il le précise à Michel Sicard, «un peintre qui peint avec les rapports à l'espace qu'on a quand on sculpte»). Une appréhension ontologique plus qu'une approche optique, et il vaut la peine de rentrer dans le détail des «Peintures de Giacometti», un texte particulièrement complexe et sophistiqué, pour se rendre compte comment Sartre va s'y prendre pour secondariser la vision. Tenant le même discours qu'à propos de ses sculptures («La recherche de l'absolu», *Situations, III*), Sartre commence par insister sur le fait que Giacometti peint la distance, représente à distance car «à ses yeux, la distance, loin d'être un accident, appartient à la nature intime de l'objet». Peignant les êtres humains comme il les a vus : *distants*. C'est donc bien en termes d'optique que débute l'analyse sartrienne (et comment faire autrement lorsqu'on parle de la peinture ?), mais très rapidement, dès la seconde page, le philosophe s'empresse de convertir cette distance optique en un impossible *toucher* : l'éloignement n'est plus essentiellement visuel, mais cutané. C'est désormais une question plus épidermique qu'optique. En somme il change de *sens*, remplaçant la vue par le toucher. Et Sartre se réfère alors à son expérience personnelle de la captivité pour nous expliquer ce qu'il entend par le contraire de la distance, à savoir la proximité absolue, le contact : «la frontière de mon espace vital, c'était ma peau ; jour et nuit j'avais senti contre moi la chaleur d'une épaule ou d'un flanc». Rien de plus madré que la démarche sartrienne tressant le philosophique et l'autobiographique. Car en glissant dans son analyse ses souvenirs anecdotiques de la proximité absolue dans un camp de prisonniers, il fait complètement basculer le type de rapport esthétique qu'il convient (à son avis) d'entretenir avec les peintures de Giacometti. La distance n'est plus essentiellement question de coup d'œil, mais affaire de toucher et de contact. Chez Giacometti :

> la distance n'est pas un isolement volontaire, pas même un recul : elle est exigence, cérémonie, sens des difficultés. C'est le produit [...] des puissances d'attraction et des forces répulsives. S'il ne peut les franchir, ces quelques mètres de parquet luisant qui le séparent des femmes nues, c'est que la timidité ou la pauvreté le clouent sur sa chaise ; mais s'il sent à ce point qu'ils sont infranchissables, c'est qu'il désire toucher ces chairs de luxe. Il refuse la promiscuité, les rapports de bon voisinage : mais c'est qu'il veut l'amitié, l'amour. Il n'ose prendre parce qu'il a peur d'être pris.

Il me semble parfaitement évident qu'alors Sartre – sans en avoir l'air, en douce – minore la dimension proprement visuelle de la distance pour en faire quelque chose de nettement plus métaphysique, ce qu'il appelle quant à lui dans cette étude le *vide*. Dans ces conditions la distance se voit moins qu'elle ne s'éprouve, qu'elle ne se vit intérieurement :

> Les sculpteurs font rarement leur buste ; s'ils tentent un «portrait de l'artiste», il se regardent de l'extérieur, dans un miroir : ce sont des prophètes de l'objectivité. Mais imaginez un sculpteur lyrique : ce qu'il veut rendre, c'est son sentiment intérieur, ce vide à perte de vue qui l'enserre et le sépare d'un abri, son délaissement sous l'orage. Giocometti est sculpteur parce qu'il porte son vide comme un escargot sa coquille [...].

Tant et si bien que pour Sartre le projet de Giacometti

n'est autre que de *«peindre le vide»* (mais comment ne pas se demander s'il reste encore quelque chose à voir quand on peint le vide ?). A l'opposé par exemple des peintres hollandais qui remplissent la toile, qui saturent l'espace de la représentation, Giacometti fait le vide. «De ses toiles Giacometti commence par expulser le monde». Nullement parce que le vide en soi constituerait l'ultime finalité de sa peinture, loin de là : rien de plus ontologiquement assertif que les toiles de Giacometti. En fait s'il importe de *d'abord* faire le vide, de *d'abord* produire le néant, c'est parce que telle est la condition *sine qua non* pour que le surgissement de l'être soit véritablement pertinent et notable. Ainsi ces peintures n'ont pas tant pour objectif de faire voir que de faire surgir l'être du néant, que d'inscrire un plein dans un vide antérieur :

> A chacun de ses tableaux, Giacometti nous ramène au moment de la création *ex nihilo* ; chacun d'eux renouvelle la vieille interrogation métaphysique : Pourquoi y a-t-il quelque chose plutôt que rien ? Et pourtant il y a quelque chose : il y a cette apparition têtue, injustifiable et superfétatoire.

Sartre se servant alors du terme d'*apparition*, celui-là même qu'il utilisait dans «Venise, de ma fenêtre» pour désigner l'émergence des palais vénitiens toujours à la limite du néant dans cette ville qui est parfois toute entière sur le point de disparaître. Encore et toujours cette extrême fragilité de l'être. Et même le mot *têtu* figure dans l'un et l'autre textes à propos de ces apparitions qui relèvent moins du domaine optique que de l'origine cosmogonique de l'être à l'état naissant. Venise et Giacometti, même combat si j'ose ainsi m'exprimer. Je veux dire qu'aussi bien la cité des Doges que les peintures du sculpteur posent en milieu sartrien la même question, comment l'être, presque comme par miracle, parvient à surgir et à se maintenir. Ainsi l'esthétique devient une catégorie de la métaphysique, plus précisément une forme d'exercice pratique, de T.P. de l'ontologie. On m'objectera qu'il n'y a rien de très étonnant après tout dans le fait que Jean-Paul Sartre raisonne d'abord en philosophe sur la peinture. Soit ! Encore convient-il de bien mesurer l'enjeu d'une telle O.P.A. qui a pour principale conséquence de minimiser l'importance du rapport proprement visuel à l'œuvre d'art.

Plus retors encore (si c'est concevable !) va se révéler le descriptif sartrien de la contemplation esthétique des tableaux de Giacometti :

> Cependant la limite du corps n'est marquée nulle part : tantôt la lourde masse charnelle se termine obscurément, sournoisement, par un vague nimbe brun, quelque part sous l'enchevêtrement des lignes de force – et tantôt, à la lettre, elle ne finit pas : le contour du bras ou de la hanche se perd dans un miroitement de lumières qui l'escamote. On nous fait assister sans avertissement à une brusque dématérialisation : voici un homme qui croise une jambe sur l'autre ; tant que je n'avais d'yeux que pour son visage et son buste, j'étais convaincu qu'il avait des pieds, je pensais même les voir. Mais si je les regarde, ils s'effilochent, ils s'en vont en brume lumineuse, je ne sais plus où commence le vide et où finit le corps. Et ne croyez pas qu'il s'agisse d'une de ces désintégrations que Masson a tentées pour donner aux objets une sorte d'ubiquité en les diffusant sur toute la toile. Si Giacometti n'a pas délimité le soulier, ce n'est pas qu'il le croie sans limites, c'est qu'il compte sur nous pour lui en donner une. Par le fait, ils sont là, ces souliers, lourds et denses. Il suffit, pour les voir, que je ne les regarde pas tout à fait. Pour comprendre ce procédé, qu'on examine les croquis que Giacometti fait parfois de ses sculptures. Quatre femmes sur un socle : bien. Reportons-nous au dessin : voici la tête et le cou, en traits pleins, puis rien, puis rien, puis une courbe ouverte qui roule autour d'un point : le ventre et le nombril ; voici encore un moignon de cuisse, puis rien, et puis deux traits verticaux et, plus bas, deux autres. C'est tout. Toute une femme. Qu'avons-nous fait ? Nous avons usé de notre savoir pour rétablir la continuité, de nos yeux pour accoler ces *disjecta membra* : nous *avons vu* sur le papier blanc des épaules et des bras ; nous les avons vus parce que nous avions *reconnu* la tête et le ventre. Et ces membres étaient là, en effet, bien qu'ils ne fussent pas donnés par des lignes. Ainsi concevons-nous parfois des pensées lucides et entières qui ne nous sont pas données par des mots. Entre les deux extrêmités, le corps, c'est un courant qui passe. Nous sommes en face du réel pur, invisible tension du papier blanc.

Et je ne peux m'empêcher d'immédiatement répéter une des phrases de cette analyse tant elle me semble spécifiquement sartrienne en raison même de son caractère paradoxal : *«Il suffit, pour les voir, que je ne les regarde pas tout à fait»*. Position scopique pour le moins étonnante et déroutante puisqu'elle implique en vérité que le regard pourrait empêcher de voir, que pour vraiment voir il suffit de moins regarder. Mais – question naïve mais incontournable – qu'y a-t-il «réellement» à voir dès lors que je ne regarde plus vraiment ? Est-ce encore voir (au sens le plus banal du terme) que de décider de moins regarder ? Suis-je encore proprement dans le domaine du visuel quand je suspends l'acuité de mon regard sous prétexte de mieux voir ? On ne s'en sortira pas, à moins de clairement poser que cette vision-là n'est plus essentiellement de l'ordre visuel, de comprendre qu'une telle vision (oblique, ou encore flottante comme on dirait en psychanalyse) dévisualise le visuel. Une semblable vision n'est plus perceptive. Sinon comment admettre cette audacieuse proposition sartrienne qui consiste à définir le réel comme une invisible tension de la feuille blanche ? Il n'y a rien à voir, et cependant rien de plus réel que cet invisible même. Si l'on accepte de s'arrêter un instant sur cette proposition en l'isolant momentanément de son contexte et du mouvement de la démonstration qui la naturalisent, de la reconsidérer (à tête reposée comme on dit), on prendra vite conscience de son «énormité». Rien de plus réel que ce qui n'a pas été tracé, indiqué par le dessinateur et que je reconnaîtrai donc sans le voir. De la blancheur comme comble de la présence ontologique. L'être de l'invisible, l'être (parce qu') invisible. Décidément il faut bien reconnaître que Sartre va jusqu'au bout de ses *a priori*, transformant la blancheur en preuve supplémentaire d'une incontestable présence de l'être. C'est invisible, mais c'est là, pour sûr. C'est d'autant plus là qu'invisible. Et d'ailleurs plus c'est invisible, mieux c'est. Il vaut beaucoup mieux suppléer — reconnaître (en) l'absence — que voir directement. Car l'Etre ne saurait de toute façon dépendre de sa pure et simple manifestation visuelle. Il serait vraiment impensable que l'ontologie en passe par une quelconque confirmation visuelle. Tout au contraire : ici l'invisible signe la présence.

Comment ne pas demeurer médusé devant cette capacité typiquement sartrienne de réévaluer — métaphysiquement parlant — ce qui échappe au domaine de la vision. Commentant les peintures de Giacometti, l'écrivain (obstinément aveugle) n'a de cesse qu'il ne nous ait prouvé qu'il serait aberrant de les regarder pour les voir. *«Il suffit, pour les voir, que je ne les regarde pas tout à fait»*. Fabuleuse proposition qui fait de toute perception esthétique une forme de l'aveuglement. Il est nécessaire de s'aveugler au tableau (ne pas vraiment le voir) pour conserver quelques chances de le percevoir.

Si désormais vous regardez les créations de Giacometti du point de vue de Sartre toujours menacé de se dévisager par image interposée, vous concevrez aisément qu'une semblable occultation de la dimension proprement visuelle de la peinture était absolument indispensable avant d'en revenir à l'essentiel, au visage. Maintenant que la visibilité est philosophiquement dévalorisée, il est enfin possible de parler de ce qu'est voir – ou ne pas voir – un visage. Une fois de plus Sartre va élaborer une dialectique extrêmement rusée à seule fin de nous expliquer pourquoi et comment on ne verra une tête qu'à condition de détourner son attention, qu'à condition de ne pas s'acharner à vouloir vraiment la voir. Il n'y aurait de visage réellement visible qu'à condition de ne pas le voir. A cet égard le philosophe devient incroyablement explicite lorsqu'il oppose Giacometti à Ingres :

> Voici un tableau d'Ingres : si je regarde le bout du nez de l'odalisque, le reste du visage devient flou, un beurre rose, tacheté de rouge tendre par les lèvres ; que je porte mon regard sur les lèvres, à présent, elles sortiront de l'ombre, humides, entrouvertes et le nez disparaîtra, mangé par l'indifférenciation du fond : qu'importe, je sais que je peux le convoquer à ma fantaisie, voilà qui rassure. Avec Giacometti c'est tout le contraire : pour qu'un détail me semble net et rassurant, il faut et il suffit que je n'en fasse pas l'objet explicite de mon attention ; ce qui inspire confiance, c'est ce que je guigne du coin de l'œil. Les yeux de Diego, plus je les observe et moins je les déchiffre [...].

On n'aura pas manqué de remarquer que le mode de contemplation esthétique qui selon Sartre convient à une toile de Giacometti va très exactement à l'opposé de l'attention acharnée, insistante, indiscrète de Roquentin sondant et scrutant les portraits des notabilités du siècle dernier, au musée de Bouville. D'un côté un regard oblique et détaché, à peine un regard pour tout dire, de l'autre une volonté de dévisager de face sans jamais détourner son regard. Ici la vérité esthétique de l'œuvre est contradictoire avec l'attention que très normalement on pourrait être tenté de lui accorder. Ce n'est pas parce que vous contemplez longuement et attentivement une toile de Giacometti que vous la verrez mieux. Une position critique si difficilement tenable qu'il n'y a rien d'étonnant si dans ses dernières pages l'analyse de Sartre devient particulièrement contournée et même alambiquée. Car il s'agit de nous montrer, mais nul mot ne convient plus mal en l'occurrence, de nous faire croire qu'on distinguera d'autant mieux un portrait de Giacometti qu'on prendra soin de ne pas vraiment le regarder. A se demander si on perçoit réellement quelque chose dans de telles toiles. D'où ce malaise qu'on éprouve en les contemplant, *selon* Sartre quelque part conscient d'avoir singulièrement obscurci et quasiment effacé ces figures dont il proposait l'éclairage critique :

> [...] nous avons envie, malgré nous, de demander une torche électrique ou tout simplement une bougie. Est-ce un brouillard, le soir qui tombe ou nos yeux qui se fatiguent ? Diego baisse-t-il, lève-t-il ses paupières ? Est-ce qu'il somnole ? Est-ce qu'il rêve ? Est-ce qu'il épie ?

A la lecture de semblables considérations on se souvient évidemment de ce que Sartre écrit par ailleurs du Tintoret qui ne serait jamais autant lui-même que dans l'obscurité. Rien de plus symptomatique qu'une telle obstination de l'écrivain à systématiquement associer la peinture qu'il aime et qu'il commente à une certaine impossibilité de la voir, en particulier par manque d'éclairage. Comme si Sartre ne supportait pas une peinture qui aurait le désavantage d'être un peu trop visible.

Est-il bien nécessaire de poursuivre plus longuement une telle lecture suivie ? Maintenant que les protocoles fantasmatiques qui «guident» la critique d'art sartrienne ont été dévoilés de façon aussi détaillée que possible, les conclusions nous en sembleront banalement programmées. Qu'est-ce en fin de compte que les toiles de Giacometti aux yeux de Sartre (s'il est encore pertinent de s'exprimer en ces termes : il faudrait presque dire aux non-yeux comme il parle du non-être) :

> Ces extraordinaires figures, si parfaitement immatérielles qu'elles en deviennent souvent transparentes, si totalement, si pleinement réelles qu'elles s'affirment comme un coup de poing et qu'on ne peut oublier, sont-ce des apparitions ou des disparitions ? Les deux ensemble. Elles semblent si diaphanes, parfois, qu'on ne songe même

plus à s'interroger sur leurs têtes : on se pince pour savoir si elles existent vraiment. Si l'on s'obstine à les épier, le tableau tout entier se met à vivre : une mer sombre roule sur elles et les submerge ; il ne reste plus rien qu'une surface barbouillée de suie ; et puis la vague se retire et on les revoit, blanches et nues, qui brillent sous les eaux. Mais dès qu'elles réapparaissent, c'est pour s'affirmer avec violence, comme des cris étouffés qui parviennent au sommet d'une montagne et dont on sait, à les entendre, qu'ils ont été, quelque part, de grands cris d'appel ou de douleur. Ce jeu du paraître et du disparaître, de la fuite et de la provocation leur donne un certain air de coquetterie.

Aucune stabilité concevable des figures de Giacometti puisqu'elles ne sont pas vraiment, complètement, durablement visibles. Il faut donc tout à la fois les voir et ne pas les voir, les apercevoir et les manquer, les percevoir et ne pas les distinguer. De telle sorte que toute la fin du commentaire sartrien sera houleusement saisie d'un constant mouvement d'oscillation entre le vague et le net, entre l'imprécis et le précis, entre le fantôme et la présence, entre la disparition et l'apparition pour tenter de définir cette peinture si proche selon lui de l'hallucination : on croit l'avoir vue, mais en réalité... Nul hasard si Sartre finit par apparenter l'art de Giacometti à celui du prestidigitateur, vous savez bien, celui justement dont on dit, pour louer la perfection de son numéro, qu'on n'a rien vu : la manipulation est demeurée inaperçue. Un tel art ne peut que satisfaire Sartre puisqu'il fonde plus ses prestiges sur l'invisibilité que sur la visualisation [3].

Dans le cadre d'une étude plus exhaustive de l'esthétique sartrienne, il resterait à montrer selon quels protocoles, aussi variés qu'extrêmement complexes et sophistiqués, s'effectue cette secondarisation du visible dans chacun de ses textes consacrés à la peinture ou à la sculpture. Evidemment

3. Même si ma démonstration d'une certaine façon inquisitrice semble n'avoir d'autre but que de prendre Sartre la main dans le sac, ou plutôt sur les yeux, en flagrant délit d'auto-aveuglement, il faut néanmoins lui reconnaître, d'un strict point de vue esthétique, l'extrême mérite d'avoir admirablement choisi son artiste. De fait les dessins et les peintures d'Alberto Giacometti travaillent toujours à la limite de la figuration et de son effacement simultané. Car sa technique en cela extrêmement personnelle et paradoxale – multipliant les traits dont on ne saura jamais s'ils visent à mieux cerner, resserrer le tracé du sujet choisi ou au contraire à le disperser, à le préciser ou à le rendre volontairement approximatif, à l'installer ou à l'abolir – a pour principal effet de tout à la fois faire apparaître la figure et favoriser sa disparition.

Jean-Paul Sartre ne disqualifie jamais de but en blanc la vision en tant que telle, ce qui lui interdirait par avance toute approche esthétique de l'œuvre d'art. Plus subtilement, et avec beaucoup de ruse et de persévérance, le philosophe va systématiquement retourner contre eux-mêmes les pouvoirs du visuel. Dans le cadre de cette stratégie éminemment concertée de l'aveuglement de l'œuvre d'art, le Giacometti sculpteur est pour Sartre aussi exemplaire que le dessinateur. Afin de pouvoir plus efficacement renverser par la suite son argumentation, le philosophe commence par définir Giacometti comme s'opposant complètement aux sculpteurs classiques qui «au lieu de rendre ce qu'ils *voyaient* – c'est-à-dire un modèle à dix pas – [...] figuraient dans la glaise ce qui *était*» («La recherche de l'absolu», *Situations, III*) : lui au contraire «s'est avisé le premier de sculpter l'homme tel qu'on le *voit*, c'est-à-dire à distance. A ses personnages de plâtre, il confère une *distance absolue* comme le peintre aux habitants de sa toile» («Les peintures de Giacometti»). Voilà qui semble totalement démentir ma thèse puisque Giacometti, loin d'éliminer son propre regard, réalise très exactement ce qu'il voit. En réalité cette apparente prééminence du visuel va paradoxalement aboutir à sa relativisation. Car la *distance* se maintiendra toujours, nous condamnant à définitivement demeurer comme en-deça de la vision :

> On n'approche pas d'une sculpture de Giacometti. N'espérez pas que cette poitrine s'épanouisse à mesure que vous avancez sur elle : elle ne changera pas et vous aurez en marchant l'étrange impression de piétiner. Les pointes de ces seins, nous les pressentons, nous les devinons, nous voilà sur le point de les voir : un pas de plus, ou deux, et nous en sommes toujours à les pressentir ; un pas de plus encore, tout s'évanouit : il reste les plissements du plâtre ; ces statues ne se laissent voir qu'à distance respectueuse. [...] à vingt pas on croit voir, on ne voit pas le fastidieux désert des tissus adipeux ; il est suggéré, esquissé, signifié, mais non donné. [...] il met la distance à portée de la main, il pousse sous nos yeux une femme lointaine – et qui reste lointaine quand même nous la touchons du bout des doigts. Ce sein entrevu, espéré, ne s'éploiera jamais : il n'est qu'un espoir [...].
>
> («La recherche de l'absolu»)

«Sur le point de voir...» ; «on croit voir...» ; «entrevu...» : autant dire jamais véritablement vu. Il aura suffi que Giacometti sculpte ce qu'il voit pour que le spectateur ne soit plus un voyeur. Inéluctablement distancié où qu'il se place, il devient tout autre chose qu'un pur et simple observateur :

> Il faut comprendre [...] que ces personnages qui sont tout entiers et d'un seul coup ce qu'ils sont ne se laissent ni apprendre ni observer. Dès que je les vois, je les sais, ils jaillissent dans mon champ visuel comme une idée dans mon esprit, l'idée seule possède cette immédiate translucidité [...].

Idéalisation (au sens strict) de la vision qui ressemble plus à un processus réflexif que perceptif, puisque conférant une sorte de translucidité à la sculpture (qui tend vers la transparence, qui n'appartient plus vraiment au domaine du visible). La vision telle une éphémère médiation qui se résorbe immédiatement en compréhension de l'absolu. Et même si je suis contraint de simplifier la démonstration sartrienne qui reviendra une fois de plus sur la vision pour immédiatement la déjouer par d'autres biais, en dispersant l'image, il se confirme que sa démarche consiste répétitivement à restreindre l'empire du visuel dans l'esthétique.

Michel Sicard a déjà fait remarquer que de toutes les entreprises sartriennes, l'esthétique est «la plus dispersive, délibérément manquée – Déconstruction de principe». Une entreprise nécessairement dispersive parce qu'elle renvoie inéluctablement à l'image (et donc à l'impossibilité même pour Sartre de se recueillir, de se retrouver), mais aussi et surtout parce que sa systématisation en une somme cohérente et suivie n'aurait pu que dévoiler le caractère proprement aberrant de ses *a priori* : fonder une analyse de la peinture et de la sculpture sur le deuil même du visible, promouvoir l'invisible pour nous expliquer ce que nous voyons. Faut-il préciser que c'est cette aberration même qui fait tout le prix de tels écrits travaillant aux limites de l'impossible, et en ce sens infiniment plus révélateurs qu'une quelconque *Esthétique* achevée et verrouillée ?

Matières

Très brutal, ce commentaire de Jean-Paul Sartre à propos de Picasso :

> Voyez *Guernica* : c'est un engagement *moral* : rien n'y pèse ; ce beau tableau classique et mythologique nous rappelle des événements mais ne nous apprend rien sur eux ; il transforme l'horreur en figures abstraites.
>
> («Coexistences», *Situations, IX*)

Rien de pire en effet pour Sartre qu'un tableau qui ne *pèse* pas, et prenez ce mot dans son sens le plus littéral : il veut qu'une toile soit lestée, fasse le poids, à proprement parler. Affirmer d'un tableau qu'il ne pèse pas, c'est dans l'anti-optique sartrienne signifier qu'il ne s'adresse qu'à notre vue, qu'il n'est fait que pour être regardé. Or Sartre ne veut rien voir et rien savoir d'une peinture qui ne serait que visuelle, privée de l'essentiel, en l'occurrence l'ancrage de et dans la matière. Toujours dévaluer optiquement la peinture pour la rendre plus ontologique. Dès qu'il fait l'éloge d'un peintre, c'est pour nous prouver que sa peinture n'est pas que visuelle. Ainsi montrera-t-il des recherches de Lapoujade qu'elles visent à :

> donner à la Beauté un grain plus serré, une consistance plus inflexible et plus détaillée. [...] les changements sérieux, dans tous les arts, sont matériels d'abord et la forme vient en dernier lieu : c'est la matière quintessenciée.
>
> («Le peintre sans privilèges», *Situations, IV*)

Sartre formulant finalement sa conception de la Beauté qui ne saurait se résumer à la saisie d'un regard, le visible constituant une médiation et non une finalité :

> Le beau n'est pas un aplat. Il lui faut deux unités, l'une visible et l'autre secrète. S'il devait arriver un moment, fût-ce au bout d'une très longue recherche, où nous résumerions l'ouvrage par un seul de nos regards, l'objet se réduirait à son inerte visibilité, la Beauté s'effacerait, seul resterait l'agrément. Pour mieux dire, l'unification indéfiniment poursuivie par le pinceau puis par notre œil doit se donner elle-même pour but la recomposition d'une certaine présence.

La peinture comme manifestation d'une présence, sa visibilité se résorbant dans ce qui la transcende. Ainsi les tableaux de Rebeyrolle :

> L'autre jour, il mangeait une aile de perdrix qu'il trouvait bonne

> et que recouvrait une épaisse sauce grumeleuse : «Quel beau paysage» a-t-il dit en la montrant. Et c'était un paysage en effet, un des siens. Mais il était apparu au *mangeur* : je veux dire que la substance n'en était pas saisie seulement par les yeux mais par les dents, les papilles de la langue.
>
> («Coexistences»)

Ç'en est presque lassant à force d'être répétitif, Sartre critique d'art ne cessant de ressasser obstinément le même dispositif :

> [...] et s'il l'avait peint, c'est ce goût de paysage mangé qu'il aurait tenté de lui donner *sur la toile*, comme sa «structure intime». Entre 62 et 64, c'est au *pêcheur* que se livre la truite, au *chasseur* que se donne le paysage, les nus se montrent à *l'amant* ; les couples aussi, enserrés dans les réseaux mouvants de la chambre ou de l'orage : ils ne sont pas vus mais sentis, non par un témoin mais par l'un des partenaires qui touche et caresse sa chair sur la chair de l'autre et qui se connaît deux.

Inutile de poursuivre ce catalogue : à chaque fois Sartre conteste la prééminence du visuel dans l'acte pictural et dans la contemplation esthétique ; et vous vous doutez bien des discours critiques que peut suggérer un tel acharnement : on célèbre alors complaisamment la modernité de Sartre qui dévaloriserait la figuration, anachronique et même réactionnaire, pour rétablir les droits de la matière à l'œuvre dans le tableau, qui déconstruirait l'espace de la représentation classique pour rendre au créateur les vertus de son rapport artisanal à la pâte, au concret. Voilà à mon avis un complet contre-sens (dicté par la volonté d'intégrer Sartre — nécessairement novateur dans tous les domaines ! — dans une certaine idéologie de la modernité) : car ce n'est pas seulement la figuration (au profit par exemple de l'abstraction), pas seulement l'artifice de la représentation (au profit de la création picturale sublimement engluée dans les contraintes de la matière) qu'il démolit presque rageusement, c'est plus radicalement l'*image* en tant que telle. L'image sans laquelle aucune picturalité n'est concevable. Car prenez même un Dubuffet : sans aucun doute la matière est pesante, épaisse, massive, incontournable. C'est peint à la truelle, jeté par paquets sur la toile, ça donne irrésistiblement envie d'y toucher. Mais c'est quand même un tableau : toute cette matière déposée sur le support est quand même mise en place pour être vue, et il en ira toujours ainsi dans ce que nous appelons peinture à moins, c'est possible, de concevoir un tout autre rapport esthétique où les tableaux «en braille» seraient destinés à être touchés, tâtés, palpés bien plus qu'à être contemplés à distance. Aussi incarnée et matérielle que puisse être une toile moderne, la perception de cette incarnation en passe néanmoins par la vue. Quelle que soit la densité matérielle de maints tableaux contemporains, ce sera cependant en dernière instance de la matière vue. Et c'est justement ce que Sartre feint d'oublier pour mieux refuser l'image en tant que telle, tout son effort critique diaboliquement cohérent d'un texte à l'autre consistant à contourner et à dévaloriser le visible parce qu'il ne s'adresse qu'au regard.

Il n'est guère étonnant dans cette perspective que le philosophe s'extasie à ce point sur les mobiles de Calder qui constituent, plus physiquement encore qu'esthétiquement, des objets typiquement sartriens :

> [...] il n'imite rien et je ne connais pas d'art moins menteur que le sien. La sculpture suggère le mouvement, la peinture suggère la profondeur ou la lumière. Calder ne suggère rien : il attrape de vrais mouvements vivants et les façonne. Ses mobiles ne signifient rien, ne renvoient à rien qu'à eux-mêmes : ils sont, voilà tout ; ce sont des absolus.
>
> («Les mobiles de Calder», *Situations, III*)

Semblables mobiles sont par définition de bons objets parce qu'ils échappent complètement à l'ordre de la représentation. Ils n'imitent pas le mouvement ; ils sont le mouvement lui-même. Mimesis est enfin déjouée : l'œuvre comme présence et non comme re-présentation. Et comment Sartre n'aurait-il pas entièrement souscrit au programme «esthétique» d'Alexandre Calder qui fait de chaque œuvre d'art une véritable expérience de physique ?

> Comment l'art naît-il ?
>
> Par des volumes, du mouvement, des formes circonscrites dans l'espace environnant, par l'univers.
>
> Par des masses denses, lourdes, centrées, qui trouvent leur achèvement dans des variations de forme et de couleur.
>
> Par une ligne directrice — vecteurs représentant mouvement, rapidité,

> accélération, énergie, etc. – des lignes formant des angles suggestifs et déterminant des directions, pour constituer un ou plusieurs ensembles.
>
> Des surfaces et des volumes rendus sensibles par une très légère opposition de leurs dimensions ou pénétrés par des vecteurs, traversés par des forces d'impulsion.
>
> Rien de tout cela n'est statique ; chaque élément peut se mouvoir, remuer ou se balancer d'avant en arrière, dans une relation variable par rapport à chacun des autres éléments qui composent cet univers.
>
> Ainsi, ils ne révèlent pas seulement des moments isolés, mais une loi physique de variation au sein des événements de la vie.
>
> («Abstraction – Création»)

Au point qu'on assiste chez Sartre à ce que nous pourrions appeler une «caldérisation» du Tintoret.

Muscles

Rien qui ressemble plus aux Jeux Olympiques que les scènes profanes et même religieuses peintes par le Tintoret ! Quels superbes athlètes que les héros de l'antiquité, que tous les protagonistes et figurants des innombrables miracles dont il a couvert les murs des églises et des institutions vénitiennes ! Sa peinture pourrait offrir à nos modernes publicitaires de merveilleuses illustrations des bienfaits musculaires du *body-building*. Abel et Caïn (*La mort d'Abel*, Venise, *Accademia*) représentés comme deux puissants lutteurs à la superbe musculature. Croupes sculpturales et formes fermes, sans bourrelets de graisse, de ses Grâces (*Mercure et les Grâces*, Venise, *Palazzo Ducale*) à l'opposé des cellulites flamandes d'un Rubens. Corps de gymnastes, carrures athlétiques des personnages bibliques. Et toujours cette inclination du Tintoret à représenter des nus de dos, échines ployées qui mettent en valeur l'impeccable tracé des muscles. Toute une dimension culturiste de sa peinture que Sartre ne manque pas de remarquer car le muscle échappe à la surface de la représentation pour inscrire dans la toile une physique des forces :

> Nous avons un moyen de le surprendre au travail : ses statuettes ont fondu mais il a laissé quelques esquisses qui nous livrent à l'état

de nature, sans pagne et sans poil, sans un cheveu, les personnages que nous admirons sur les toiles, vêtus et perruqués par son pinceau. Ce sont des atlètes extravagants : une confrérie de déménageurs. Des muscles en boule, partout, saillants mais noués : un étalage de puissance, aucune détente. Ces hommes paraissent voués au portage : ils ne savent ni courir ni frapper. Regardez-les ses balèzes : celui-ci chancelle, cet autre a mis un genou en terre, il reçoit Dieu, un troisième est tout bonnement défunt ; je recommande tout particulièrement l'étude pour «l'Enfant prodigue», elle fera marrer : deux colosses chauves minaudent, ce sont deux tantes ; l'une se penche, offre ses services, l'autre s'effarouche et se tortille, un doigt sur ses lèvres. Je ne suis pas celle que vous croyez !

Les mœurs du Tintoret ne sont pas en cause : pourtant c'est lui qui a fait délibérement contraster ces carrures d'armoire avec ce maniérisme de reins. Ces malabars m'évoquent les Macs tant aimés de Jean Genet : paresse et lâcheté, disait le Traître, font de leur musculature un costume d'apparat. Disqualifiée, féminisée, cette marque de virilité se change en plumage ; leurs pectoraux plaisent au même titre que des seins de femmes et gardent sur ces appendices l'avantage d'une inutilité garantie. L'exhibitionnisme de la place Pigalle se retrouve, à vue, chez les Macs du Tintoret : ils ne peuvent se démettre ni se soumettre sans que des bosses puissantes roulent sous leur peau. Réalisme anatomique ? Nostalgie d'un sculpteur manqué ? Non, lyrique et malin, Jacopo ne laisse entrevoir sa hantise que pour nous infecter : l'Histoire Sainte fut écrite par des poids lourds. Il les a fait costauds pour qu'ils posent et pour les engager sous nos yeux dans un combat douteux contre la pesanteur. Ces chauves ce sont des immeubles ; ils n'ont pas trop, à eux deux, de quatre colonnes pour les supporter : encore faut-il que toutes les fibres se contractent sous le poids des torses, comme si les deux Titans portaient le Ciel. Ils ne portent qu'eux-mêmes et c'est assez : voilà des kilos de viande surnuméraire dont chacun s'épuise à porter les autres tout en augmentant la charge qu'ils ont à porter ; le mal infecte le remède et Robusti fait mesurer la gravité de l'infection à l'importance des moyens qui doivent en guérir : cette force hyperbolique se dépense toute entière à préserver le patrimoine de l'homme, la station debout. Quand les circonstances le requièrent, les Hercules du Tintoret se trouvent si démunis qu'ils peuvent à peine distraire un grain d'énergie pour lever un doigt, pour jeter un cil : il suffira d'une chiquenaude pour les envoyer au tapis.

(«Saint Marc et son double»)

Rien de plus évident ici que le malaise de Sartre, presque racoleur et canaille, qui aperçoit immédiatement dans la nudité excessivement musculeuse de l'anatomie masculine l'image de la femme : paradoxalement d'autant plus pédérastique qu'irréprochable ! Un homme vraiment musclé, qui image avantageusement la masculinité, n'en serait plus un ! Allez donc savoir pourquoi (faudrait-il être chétif et rabougri pour en avoir ?...), et surtout allez revoir de près les Tintoret de Venise : il faut beaucoup de bonne volonté ou plutôt de mauvaise foi pour faire de ses athlètes des tantes, ce seraient plutôt ses femmes qui ont l'allure de «mecs» avec leur solide musculature. Significative impossibilité sartrienne de faire accéder le sujet masculin à la représentation : si un homme advient à l'image, il est féminisé.

Toujours est-il que Sartre, profitant de ces musculatures pour rompre avec la platitude de l'image, accorde ici une importance décisive à la *pesanteur*. Notion-clef de toute son analyse car avec la pesanteur on quitte enfin la surface pour entrer dans l'univers des forces. Le regard que porte le spectateur sur un tableau du Tintoret «saisit sur la toile une organisation de surface, imposée par les coutumes, les contraintes, à l'instant fixe où elle s'abolit sous la pression d'un ordre en profondeur». Selon Sartre l'artiste vénitien n'aurait d'autre projet que de nous faire *sentir* la pesanteur. Dans sa peinture donnant à voir l'irreprésentable même, «le poids d'un corps est visible : nos yeux soupèsent et nos mains voient». Il s'agit donc d'une *physique* et non d'une *optique* puisque «[...] ce croyant sombre n'admet qu'un absolu : la matière. Il faut qu'il la touche sans cesse : il se presse étroitement contre elle pour se délivrer de la vue, ses yeux éclatent et ses mains découvrent leur souveraineté». Extraordinairement «matérialiste» pour son époque et même singulièrement en avance (sans aucun doute trop en avance du strict point de vue de l'histoire), le Tintoret sartrien met en place sur chacune de ses toiles un système extrêmement complexe et sophistiqué de poids et de contrepoids, de pressions, compressions et décompressions, d'équilibres et de déséquilibres, de mouvements et de forces d'inertie. Au point que les analyses de Jean-Paul Sartre semblent souvent préfigurer celles d'un Michel Serres quand, privilégiant des «opérateurs scientifiques», il nous propose sa lecture d'un autre très grand peintre vénitien, Vittore Carpaccio.

Rappelons rapidement quelques exemples de la démarche sartrienne parmi lesquels le tableau sans doute le plus célèbre du Tintoret, *Le miracle de l'esclave* (Venise, *Accademia*) qui nous montre Saint Marc descendant en catastrophe du ciel pour briser les instruments du supplice destinés à torturer un esclave chrétien. Une interprétation proprement «balistique» puisque Saint Marc devient un «aérolithe», un «bolide» sur le point de s'écraser sur les mécréants, manifestation matérielle d'une «décharge de pesanteur» :

> Le Tintoret ne songeait pas à nous divertir, moins encore à commettre un sacrilège. S'il peint l'inertie des corps c'est qu'elle fait aussi leur force. Ce missionnaire est un missile : lâché dans l'espace, il a pénétré dans la zone d'attraction terrestre, sa vitesse s'accélère, il fonce sur les indigènes comme un boulet de canon. Ceux-ci ne le voient point mais ils portent déjà le fardeau de sa puissance. On dirait qu'il les écrase quand il ne les a pas même touchés [...]. Ainsi l'intégration des significations religieuses aux données sensibles met à découvert cette forme nouvelle : la chute vertigineuse d'un aérolithe et les remous qui s'ordonnent autour d'elle. Cette combinaison s'adresse directement à notre mémoire musculaire : visuelle, tactile et motrice, elle tend à recomposer la substance telle qu'elle s'offre à nos sens dans leur indifférenciation quotidienne. Le peintre n'a d'autre objet que la matière : il en regroupe les attributs autour de cette pesanteur ambiguë, puissance et faiblesse, force, inertie, qui en est à ses yeux l'absence.
>
> («Saint Marc et son double»)

Et ainsi de suite, chaque toile constituant une nouvelle figuration (démonstration faudrait-il dire) des lois de la physique. *La Visitation* (Bologne, *Pinacoteca Nazionale*) vaut comme exemplaire illustration de la pesanteur : «Poids et contrepoids : comme pour les pendules et les funiculaires». Les deux figures féminines, Sainte Anne et la Vierge, sont agencées comme «deux déséquilibres en suspens, qui s'étayent. Entre les deux femmes, durci par la permanence d'une tension, l'espace se dresse, il les unit et les soutient». De même la *Présentation de la Vierge au Temple* (Venise, *Madona dell'Orto* est conçue, dans la lecture sartrienne qui confère une importance décisive à la massive présence de l'escalier occupant une bonne partie du tableau, comme une véritable leçon d'alpinisme : quels efforts proprement physiques il faut produire pour grimper sur une montagne particulièrement escarpée. Inutile de poursuivre plus longuement, un tel relevé aboutissant toujours aux mêmes conclusions : Sartre n'a de cesse qu'il n'ait transformé notre habituelle passivité optique en une action, en une *praxis*. Une toile du Tintoret ne produira son effet que si le spectateur participe activement à la production de cet effet en s'y associant physiquement, en ressentant lui-même les forces au travail sur le tableau. Encore convient-il de se demander comment la pesanteur qui n'appartient pas à l'ordre du visible pourra se manifester sur la toile, faire sentir ses effets.

Stéréoscopie

Comment rendre perceptible sur le tableau le poids du monde ? Car il s'agit bien de faire sentir la pesanteur et non simplement de la montrer, de l'exhiber. Le Tintoret, s'éloignant des leçons de ses maîtres qui privilégient l'optique géométrique et refusant de s'en tenir aux apparences uniquement visibles,

> établit la première règle de son art futur : pour qu'un objet peint soit présent dans son absence, il faut le déguiser ; il passera par les yeux en contrebande et signalera sourdement sa présence en excitant quelque autre sens, aveugle mais qui travaille de près. Que la vue ne soit pas le terme ultime du voyage ; qu'elle s'en fasse le principal relais : elle troquera sa suprématie contre l'admirable privilège de mettre l'œuvre visible en contact immédiat avec le corps entier.
>
> («Saint Marc et son double»)

Chacune des toiles viserait à piéger nos regards, à les conditionner : «il emprunte les mouvements de nos yeux et leur sillage pour tracer des chemins, des lignes de force». Nous tirant de la passivité de la contemplation esthétique, nous brusquant, Robusti nous oblige à participer physiquement à sa peinture. La voir, c'est déjà agir puisque d'une certaine façon les mouvements des globes oculaires sont aussi importants que la vision proprement dite :

> [...] le Tintoret nous utilise et [...] combat l'immobilisme des formes claires par notre mobilité. Mais qu'est-ce que nous lui prêtons ? Ces impressions souples et vives, ces scintillements de surface qu'on appelle en jargon des sensations kinesthésiques et qui nous renseignent plutôt sur le monde que sur nous. Je sens rouler les globes oculaires dans mes orbites ; leur sillage reste sur les choses, je les vois, c'est un vecteur. Et, bien entendu, j'ai fait travailler mes muscles, j'ai consommé de l'énergie. Mais la dépense est si modique et l'effort

si mince que je n'en ai pas même conscience : ces translations, ces rotations, tantôt je les imagine gratuites : un cadeau ; et tantôt, faute de les avoir produites dans la peine, je ne les reconnais pas.

S'il désire ne pas demeurer extérieur à la composition, le spectateur doit se mettre à la tâche, contraint d'opérer toute une série de mouvements oculaires pour suivre les vecteurs peints sur la toile, pour se laisser conduire par les orientations vectorielles du tableau :

> Il s'agit d'une infrastructure de l'image : le peintre nous emprunte nos yeux et les dirige par une ruse de son pinceau : cette ruse est masquée par l'inertie totale de l'objet peint ; ainsi nous échappe-t-elle. Pourtant si Robusti a pu tendre son piège, c'est en relation directe avec cet objet. Il en connaît d'avance la fonction, il sait d'avance qu'il en usera pour ses propres fins : il ne perdra jamais de vue la conduite humaine dont cet ustensile est l'envers figé ; il l'évoquera par tous les moyens jusqu'à faire hanter l'outil par le geste ; ces opérations n'iront pas sans compliquer sa tâche, elles l'obligeront même à inventer des personnages ou des attitudes. Mais dès que cette armature est construite – à mi-chemin de la réalité et de la fiction – il a gagné. Nos yeux sont pris ; ils vont de la droite à la gauche, de bas en haut, ils croient aller d'arrière en avant [...], le regard, parcourant les contours du praticable, lira son propre mouvement comme si c'était une qualité objective, la force transitive de l'inertie.

Une démonstration qui ne fait jusqu'ici que confirmer cette secondarisation du visible toujours à l'œuvre dans la réflexion sartrienne sur la peinture : la vue encore et toujours reléguée au second plan au profit d'une dynamique, d'une cinétique même, impliquant un travail du spectateur qui ne saurait demeurer inerte. Rien d'étonnant donc dans cette volonté acharnée de remplacer la vision esthétique par une praxis proprement musculaire du corps faisant fonctionner, agir la toile, réalisant l'effet qu'elle a programmé par son agencement. Bien plus stupéfiante est la façon dont Sartre au moment même où il semble rendre la priorité aux lois de l'optique (tout au moins pour fonder la perception du mouvement qui demeurera l'essentiel) en rapprochant les œuvres du Tintoret des spectacles stéréoscopiques et des anaglyphes, en fait *s'aveugle* fondamentalement à sa peinture. Le problème du peintre vénitien étant d'inscrire le relief et le mouvement sur ses toiles, Sartre en vient à proposer une analyse stéréoscopique de ses œuvres :

> Si la peinture n'est qu'un rabotage, le Tintoret ne perdra sûrement pas sa vie à projeter sur une toile des aplatissements ; célibataire, il se serait fait aventurier ou moine ; mari et père, il mettra toute sa famille à fabriquer des stéréoscopes. Qui pourrait l'en blâmer ? Au XVIe siècle, à Venise, l'art est réaliste : cela veut dire qu'il vampirise systématiquement la réalité, chaque propriété du fantasme doit être prélevée sur la propriété correspondante de l'être : la hauteur et la largeur vraies de la toile fournissent aux personnages imaginaires leurs dimensions fictives. Pour restituer la teinte et la texture de ce manteau *qui n'est pas* il faut emprunter l'éclat de ces matériaux coûteux, les couleurs, qui s'usent vite et qu'on a peine à réassortir. Donc, s'il appartient à la peinture de figurer en profondeur les saillies d'un escalier peint, le peintre doit pouvoir les voler au relief réel, comme fait le sculpteur. Encore faut-il à celui-ci tout l'espace ; contemporain de Noé, c'est le dernier des Anciens de l'Arche ; il nourrit ce rêve antédiluvien : tirer du néant et façonner les minéraux ; pour lui, l'homme n'a jamais été qu'un prétexte. Humaniste, le peintre n'a que faire de la matière inanimée ; plutôt que de se cogner sur elle, il trafiquera doucement nos sens. Ainsi l'araignée des anaglyphes, balancée par un souffle, au bout du fil, *ne* sort *pas* de l'écran, *ne* frôle *pas* les chevelures ; n'empêche : ce mouvement qui n'a pas eu lieu, l'assistance entière est prête à témoigner qu'il était imaginaire et qu'elle l'a vu réellement. C'est que l'auteur, laissant l'espace à la statuaire, s'est attaqué à nos perceptions binoculaires et les a travaillées à pleine main : son matériau, c'est la vue, il obéit à ses lois pour qu'elle se plie aux lois de l'Art ; par la répartition calculée de lignes rouges et vertes sur une surface plane et par la double sélection qu'opère un lorgnon bichromé, il s'adresse au couple des rétines et fait qu'un même dessin parle différemment à chacune d'elles : il est donc bien exact qu'une translation objective sur l'écran se fait le véhicule réel d'un mouvement illusoire.

Que fait alors Sartre sinon tenter de nous montrer ce qui lui demeurera à tout jamais invisible ? Sinon proposer un mode de perception du Tintoret tel qu'il n'en bénéficiera jamais ? Car aussi bien stéréoscopes qu'anaglyphes supposent une vision binoculaire. Même si dès 1593 Porta avait donné pour la première fois le dessin exact des deux images perçues séparément par chacun des deux yeux, il faudra attendre le XIXe sicle pour voir se développer les appareils stéréoscopiques dans le cadre des projections lumineuses de plus en plus à la mode :

C'est ainsi qu'en 1838, le physicien anglais Wheastone inventa un appareil qui permettait de voir les images en relief en regardant simultanément deux vues différentes d'un même objet. L'une des vues avait la perspective perçue par l'œil droit, tandis que la seconde avait celle perçue par l'œil gauche. L'instrument, encombrant et peu pratique, était dit «à réflexion», c'est-à-dire que les deux images étaient vues par l'intermédiaire de deux miroirs disposés sous un angle de 45°.

En 1844, Sir David Brewster imagine de couper en deux une lentille pour en placer la moitié gauche devant l'œil droit, et vice-versa. Les deux moitiés de lentille faisaient alors office de prisme reflétant les images en un centre commun où elles se superposaient [...].

Le système fut notamment amélioré par le français Almeida aux alentours de 1858, puis par l'Anglais Anderson. Il fut repris et développé à la fin du XIXe siècle par Molténi. On appliqua alors le procédé des anaglyphes que l'on adapta aux projections de lanternes doubles : sur l'une des lanternes, on plaçait une vue stéréoscopique transparente colorée en vert, sur l'autre une seconde vue représentant le même sujet, mais colorée en rouge. Cette coloration s'obtenait en plaçant derrière chacune des plaques un verre de couleur ou en enduisant les vues de gélatine colorée. Pour regarder la projection simultanée des deux plaques, les spectateurs devaient se servir d'un lorgnon composé de deux verres, l'un vert et l'autre rouge, grâce auquel la perception du relief était rendue possible. Sans ce lorgnon, on ne voyait sur l'écran qu'une vue grisâtre aux lignes floues. En inversant les verres du lorgnon stéréoscopique, on obtenait la vision en pseudoscopie, dans laquelle les objets en saillie paraissent en creux et inversement.

(Jac Remise, Pascale Remise, Régis Van de Walle,
Magie lumineuse. Du théâtre d'ombres à la lanterne magique)

On se rendra mieux compte du caractère pour le moins paradoxal de la «contemplation» sartrienne en rappelant la réaction des grands savants de l'époque qui «ne virent rien d'extraordinaire dans l'appareil de Brewster et pour cause : Arago était atteint de diplopie, Savart avait un œil à demi perdu, Bequerel était borgne, Pouillet était atteint de strabisme». Comment voulez-vous qu'un sujet dont la vision binoculaire est défaillante apprécie à sa juste valeur un dispositif optique qui exploite à fond la complémentarité des deux yeux ? Et Sartre lui-même a reconnu, dans *Les carnets de la drôle de guerre*, que son œil mort le déterminait à «refuser d'assister aux séances d'anaglyphes et de regarder dans les stéréoscopes». Cependant il en arrive à construire une théorie proprement stéréoscopique de la peinture du Tintoret. Au moment même où son analyse fait de l'optique une médiation indispensable pour percevoir le mouvement qui anime les toiles, elle aveugle du même coup le critique irrémédiablement monoculaire, qui ne verra jamais ce que cette peinture selon lui donne à voir au public. Au cas où les œuvres de l'artiste vénitien seraient d'abord visuelles tout au moins dans leur fonctionnement perceptif (car leur enjeu de dernière instance demeure ontologique, nullement réductible aux problèmes de la visibilité), Sartre serait de toute façon «dispensé» de les voir. Comment ne pas être médusé par cette situation inédite dans la critique d'art ? Le philosophe élaborant à propos d'un peintre une théorie optique ainsi faite qu'il devient lui-même le point aveugle du dispositif esthétique.

Soit ! Mais ça ne serait pas vraiment du Sartre si les choses n'étaient encore bien plus compliquées. Car les peintures du Tintoret ne sont pas de véritables dispositifs stéréoscopiques comme celles de Dali qui peint deux toiles complémentaires qu'on regarde grâce à une adaptation par Roger de Montebello du stéréoscope à miroirs de Wheastone. *La chaise* (1975), *Dali soulevant la peau de la Mer Méditerranée pour montrer à Gala la naissance de Vénus* (1977), *La main de Dali retirant une Toison d'Or en forme de nuage pour montrer à Gala l'aurore toute nue très, très loin derrière le soleil* (1977), *Le Christ de Gala* (1978), autant d'œuvres doubles, matériellement dédoublées alors que les représentations du Tintoret demeurent produites à un unique exemplaire. Néanmoins toute toile du peintre vénitien telle que Sartre la décompose comprend en réalité une double figuration : «La forme immédiatement visible se plie au sujet imposé mais, inversement, la signification du drame nous fait découvrir d'autres formes, moins visibles mais plus solides, qui constituent, finalement, les structures fondamentales» («Saint Marc et son double»). Peinture palimpseste où derrière les figures visibles se dissimule ce qui représente l'enjeu de la toile. Robusti tout à la fois montre et cache, donne à voir ce qu'on lui demande de représenter puisqu'il satisfait des commandes, mais en profite pour introduire en douce cet invisible qui constitue sa raison de peindre : la pesanteur. Une *crypto-peinture* affirme Sartre : «Il compense et surcompense à tour de bras, rend sa toile indéchiffrable ou presque par des balancements perpétuels, construit pour détruire aux trois quarts, se donne la permission de tracer une forme à condition de l'intégrer dans une autre qui la dissolve en soi-même ou de la désintégrer par des ajoutis». Une peinture stratifiée tel un feuilleté de représentations où de toute façon le manifeste est comme de juste moins important que le latent : le sujet de circonstance, de commande, profane ou religieux, est anecdotique par rapport à la dynamique du tableau, à la «représentation» du mouvement et de la pesanteur, aux forces cinétiques mises en branle par l'image. «L'ordre visible est employé tout entier à rendre l'ordre aveugle de la kinesthésie».

Voilà une double figuration pour le moins paradoxale puisque l'une des deux se caractériserait surtout par son invisibilité. Or Sartre a bien conscience que si cette seconde figuration enfouie dans le tableau était complètement invisible, il ne se passerait strictement rien sur la toile. Alors où est-elle en fait ? C'est nous qui l'imaginons en poursuivant les mouvements indiqués, suggérés, en faisant dévaler tel personnage, chuter tel autre, se redresser un troisième. Ainsi les mouvements s'opèrent en nous ; et si l'on peut parler de dispositif stéréoscopique, il est d'un modèle extrêmement spécial, mettant en parallèle l'image picturale réellement perçue et l'image imaginaire qu'elle suggère chez le spectateur.

Apories

Tant et si bien qu'une semblable appréhension stéréoscopique de la peinture devient elle-même une opération imaginaire. D'autant plus que la perception du mouvement (qui ne saurait se confondre avec celle de la profondeur et du relief [4]) suppose finalement l'instauration d'une durée : de telle sorte que le texte sartrien, qui n'en est jamais à une

4. Jean-Paul Sartre ne cessant, si j'ose dire, de courir deux lièvres à la fois, la troisième dimension et le mouvement. Et peut-être est-ce justement l'impossible passage de l'un à l'autre qui «brouille» la démonstration. Car fonder la perception de la profondeur ne permet pas nécessairement d'établir celle du mouvement.

complexité près, tend sinon à remplacer, tout au moins à «contaminer» la juxtaposition stéréoscopique (nécessairement synchronique) par une succession diachronique des images. On passe insensiblement du stéréoscope au cinématographe (comme si une toile du Tintoret était un photogramme précédé et suivi par d'autres images qu'elle comprend en elle-même, un élément de la série intégrant toute la série). Ainsi l'optique est progressivement insérée dans une temporalité qui la transcende au profit d'une esthétique de la *praxis*...

Coupons court ! Car ce serait se laisser prendre au piège de l'analyse sartrienne (pour notre plus grand plaisir d'ailleurs) que de s'acharner à en détailler logiquement toutes les étapes, que de s'évertuer à rétablir les articulations qui font et feront toujours défaut... En fait la démonstration finit par révéler, à proportion même de sa subtilité et de sa sophistication, qu'elle est sans doute insurmontablement aporétique. Il faudrait alors s'interroger sur le mouvement de l'analyse (et aussi et surtout sur cette sorte de statisme, symptôme d'un malaise, qui finit par la figer et l'enliser, en particulier dans «Saint Marc et son double» : alerte et même expéditive au début, elle avance de plus en plus lentement comme les laves d'un volcan qui vont bientôt se refroidir et se pétrifier). Une analyse que l'on dirait bourrelée de remords théoriques : sans cesse elle affirme puis se reprend, semble progresser mais revient encore et toujours en arrière, donne parfois l'impression d'être sur le point de pouvoir se boucler mais ne fait qu'un nœud de plus... Il ne s'agit évidemment pas de réclamer ici une quelconque simplification, de défendre les vertus toujours réductrices d'une analyse claire et monologique, mais de souligner que – surtout dans «Saint Marc et son double», le plus consistant d'un point de vue théorique des fragments du Tintoret dont nous disposons actuellement – le philosophe paraît lui-même s'engluer dans sa propre toile d'araignée. Alors que les écrits philosophiques de Sartre témoignent toujours d'une extrême rigueur diacritique (*l'en-soi* et le *pour-soi* comme puissants opérateurs de distinction, de discernement, de discrimination), la réflexion esthétique, nettement plus embarrassée, a tendance à superposer, assimiler, confondre. Quand Simone de Beauvoir, dans les *Entretiens*, lui demande pourquoi il n'a jamais achevé son essai, par deux fois il répond qu'il l'a abandonné parce que ça l'ennuyait. Réponse pour le moins évasive et fuyante qui n'explique strictement rien. Et je suppose que quelque part en lui-même Jean-Paul Sartre devait fort bien se rendre compte de la «confusion» de sa démonstration (si peu conforme à son habituelle démarche réflexive) de plus en plus inachevable au fur et à mesure qu'elle devenait plus complexe, devait quand même se douter que ses *a priori*, plus imaginaires (et même autobiographiques) que directement historiques, esthétiques ou philosophiques, lui interdisaient de la mener à terme. Son esthétique ne peut se livrer que par éclats dispersés, se dévoiler que partiellement, en fragments disséminés (dispensés en raison même de leur brièveté d'exposer, de justifier leurs postulats) car la seule somme convenable en serait une autobiographie, mieux encore une autoanalyse.

On sait que c'est vers 1953 que Sartre conçoit le projet d'une autobiographie et qu'il écrit la plus grosse partie en 1954. Il va reprendre et retoucher plusieurs fois son manuscrit avant sa publication dans *Les Temps modernes* en 1963. Or c'est justement pendant cette même période qu'il travaille à son *Tintoret*, pensant alors l'achever puisque lors de la publication du «Séquestré de Venise» dans *Les Temps modernes* en 1957, une note précise : «Fragment d'une étude sur le Tintoret, à paraître chez Gallimard». Si le *Tintoret* ne verra jamais le jour, c'est aussi parce qu'il constitue la doublure des *Mots*, réflexion (et épreuve) autobiographique en sous-main (en tant que rapport intimement subjectif à l'image qui est le foyer de tout l'imaginaire sartrien) qui ne se poursuit qu'aussi longtemps que Sartre n'a pas effectivement publié son véritable récit autobiographique. *Les mots* simultanément achève et rend inutile le *Tintoret*, traduit à la première personne son impossible finition.

Musique s'il vous plaît !

Jean-Paul Sartre à Venise, presque aveugle. Qu'est-ce qu'il pouvait bien écouter à la radio quand il restait seul, enfermé dans sa chambre d'hôtel ? Question apparemment insoluble, à la limite de l'absurde ! Et cependant je ne peux m'empêcher d'y rêver et d'affabuler cette réponse évidemment fictionnelle : qu'il tournait constamment le bouton des fréquences pour tenter d'entendre le plus souvent possible *Some of these days,* le morceau favori de Roquentin dans *La nausée* : «cette bande d'acier, l'étroite durée de la musique, qui traverse notre temps de part en part, et le refuse et le déchire de ses sèches petites pointes». Toujours cette dureté, cette rigidité, cette rigueur de la musique, qui dans l'ensemble du roman s'opposent à l'avachissement généralisé du réel ; et d'ailleurs seule la musique parvient à suspendre momentanément la nausée :

Some of these days
You'll miss me honey !

> Ce qui vient d'arriver, c'est que la Nausée a disparu. Quand la voix s'est élevée, dans le silence, j'ai senti mon corps se durcir et la Nausée s'est évanouie. D'un coup : c'était presque pénible de devenir ainsi tout dur, tout rutilant. En même temps la durée de la musique se dilatait, s'enflait comme une trombe. Elle emplissait la salle de sa transparence métallique, en écrasant contre les murs notre temps misérable. Je suis *dans* la musique. Dans les glaces roulent des globes de feu ; des anneaux de fumée les encerclent et tournent, voilant et dévoilant le dur sourire de la lumière. Mon verre de bière s'est rapetissé, il se tasse sur la table : il a l'air dense, indispensable. Je veux le prendre et le soupeser, j'étends la main... Mon Dieu ! C'est ça surtout qui a changé, ce sont mes gestes. Ce mouvement de mon bras s'est développé comme un thème majestueux, il a glissé le long du chant de la Négresse ; il m'a semblé que je dansais.

Pure et rigide, à l'abri du moindre fléchissement, la musique raffermit et densifie. D'où cette euphorie physique du sujet pour une fois en parfait accord avec son propre corps : toute sa chair durcit, *bande*. Car c'est précisément de cela qu'il s'agit : la musique a le pouvoir de le délivrer de l'angoisse de la castration. Le son comme tension. Autant le visible est du côté de la substance, misérablement incarné et donc ignoblement soumis à toutes les défaillances et vicissitudes de la matière, autant la forme musicale est désubstantialisée :

> *Elle* n'existe pas. Ç'en est même agaçant ; si je me levais, si j'arrachais ce disque du plateau qui le supporte et si je le cassais en deux, je ne l'atteindrais pas, *elle*. Elle est au-delà – toujours au-delà de quelque chose, d'une voix, d'une note de violon. A travers des épaisseurs et des épaisseurs d'existence, elle se dévoile, mince et ferme et, quand on veut la saisir, on ne rencontre que des existants, on bute sur des existants dépourvus de sens. Elle est derrière eux : je ne l'entends même pas, j'entends des sons, des vibrations de l'air qui la dévoilent. Elle n'existe pas, puisqu'elle n'a rien de trop : c'est tout le reste qui est de trop par rapport à elle. Elle *est*.

Chaque fois que Roquentin écoute *Some of these days,* «il ne peut s'empêcher d'admirer [...] la manière dont elle se détache de son support, la manière qu'elle a de ne reposer sur rien d'autre que sur elle-même, de ne tenir qu'à soi. Elle n'a rien de commun, en particulier, avec le pick-up ou avec le disque, qui la jouent et qui, modes contingents de la substance fragile, peuvent fort bien être partagés (cassés, rayés, interrompus) sans que ces accidents affectent le moins du monde le bel indifférent qui, au-dessus d'eux, derrière eux, n'existe pas car il est» [1].

Finalement avec la musique les catégories «esthétiques» du *Beau* et du *Laid* perdent leur pertinence car sa désincarnation déjoue toute projection identitaire, interdit toute référence (auto-)mimétique.

> – Les tableaux, les statues, c'est inutilisable, c'est beau *en face* de moi. La musique...

Voilà ce qu'essaie de préciser (sans vraiment terminer) Annie au cours de sa dernière discussion avec Roquentin, qu'elle doit quitter parce qu'elle attend justement un *peintre* ! D'un côté donc les arts du visible qui sont toujours plus ou

1. Denis Hollier, *Politique de la prose. Jean-Paul Sartre et l'an quarante.*

moins *confrontation*, de l'autre la musique. Une opposition qui structure toute la fin de *La nausée*. Comme si écouter (de) la musique revenait à enfin passer derrière la toile :

> Et moi aussi j'ai voulu *être*. Je n'ai même voulu que cela ; voilà le fin mot de ma vie : au fond de toutes ces tentatives qui semblaient sans liens, je retrouve le même désir : chasser l'existence hors de moi, vider les instants de leur graisse, les tordre, les assécher, me purifier, me durcir, pour rendre enfin le son net et précis d'une note de saxophone. Ça pourrait même faire un apologue : il y avait un pauvre type qui s'était trompé de monde. Il existait, comme les autres gens, dans le monde des jardins publics, des bistrots, des villes commerçantes et il voulait se persuader qu'il vivait ailleurs, derrière la toile des tableaux, avec les doges du Tintoret, avec les braves Florentins de Gozzoli [...].

Etre vraiment, ce serait passer derrière les tableaux... Se retrouver de l'autre côté de la représentation... Traverser la *mimesis* et doubler le visible... Sinon la toile continuera toujours à me séparer de mon existence.

Or autant Sartre nous a souvent et longuement entretenus de la création picturale, autant il est par contre resté discret sur la musique [2]. Un quasi-silence d'autant plus remarquable qu'alors que dans le domaine de la peinture il n'est qu'un simple spectateur, musicalement il possède une certaine expérience de praticien : il a joué du piano. En outre notablement compétent d'un point de vue musicologique [3]. Il a, me semble-t-il, encore beaucoup plus écouté qu'il n'a regardé. Michel Butor a un jour remarqué que Sartre parle du Titien *«comme s'il ne l'avait pas vu»*. Et de fait toute sa démarche critique a toujours consisté à reculer, différer, effacer même la dimension visuelle de la peinture : comme si elle n'était surtout pas faite pour être vue. Au contraire ses rares confidences sur la musique prouvent qu'il possède avec elle un rapport infiniment plus direct et moins médiatisé, un rapport auditif en somme. L'écoutant à proportion qu'il se refuse à regarder la peinture.

---

2. Les «écrits» sartriens à propos de la musique se résumant essentiellement à sa préface à *L'Artiste et sa conscience* et à deux interviews, dans *Le Monde* et dans *Obliques*.

3. Parfaitement capable de s'entretenir de Schönberg, Stravinsky, Boulez, Penderecki, Stockausen, Nono, Pousseur, etc. avec un interlocuteur aussi exigeant que Jean-Yves Bosseur.

Sartre n'aura jamais été de ceux qui exposent ce qu'ils aiment, détaillent leurs goûts et leurs préférences. Sa stratégie est nettement plus défensive qu'affective, et s'il analyse beaucoup plus la peinture que la musique, c'est sans nul doute pour parer le coup, pour répondre à l'agression. La peinture ne le retient que dans la mesure où il est absolument vital pour lui de dénoncer son appartenance au visible. Plus il en parlera et moins on la verra ! Rien de plus nécessaire que son aveuglement !

A Venise, seul dans sa chambre, il écoute de la musique à la radio : presque aveugle. Une merveilleuse petite oasis sonore dans la capitale culturelle des images. Hors de la mimesis et de ses souffrances. Enfin serein, à l'écoute du monde. Aveugle, mais tout ouïe. Heureux «en mesure» ?

Table des matières

Collection OBJET

Titres parus

COMME MAUPASSANT
par Philippe Bonnefis

VOLTAIRE SOI-DISANT
par Jean-Michel Raynaud

PROUST ET SES LETTRES
par Alain Buisine

VILLIERS LE TACITURNE
par Jean Decottignies

FRANCIS PONGE « ACTES OU TEXTES »
par Jean-Marie Gleize & Bernard Veck

STERNE OU LE VIS-À-VIS
par Jean-Claude Dupas

LAUTRÉAMONT, ÉTHIQUE À MALDOROR
par Michel Pierssens

L'AUTEUR ENCOMBRANT : STENDHAL/*ARMANCE*
par Jean Bellemin-Noël

QUELQU'UN DANSE / LES NOMS DE F. KAFKA
par Jean-Michel Rey

PÉTRUS BOREL, UN AUTEUR PROVISOIRE
par Jean-Luc Steinmetz

LAIDEURS DE SARTRE
par Alain Buisine

La collection « Objet » est dirigée par
Philippe Bonnefis

ACHEVÉ D'IMPRIMER
SUR LES PRESSES DE L'UNIVERSITÉ DE LILLE 3

OUVRAGE FAÇONNÉ
PAR L'IMPRIMERIE CENTRALE DE L'ARTOIS
RUE Ste MARGUERITE A ARRAS

DÉPÔT LÉGAL : 4e TRIMESTRE 1986